MIS
EMOCIONES
ME
DOMINAN

Dirección de proyecto editorial: Cristina Alemany
Dirección de proyecto gráfico: Trini Vergara
Dirección de arte: Paula Fernández
Revisión: Soledad Alliaud
Diseño: Tomás Caramella

© 2013 Alejandra Stamateas
© 2013 V&R Editoras
www.vreditoras.com

Argentina: Demaría 4412 (C1425AEB), Buenos Aires
Tel./Fax: (54-11) 4778-9444 y rotativas • e-mail: editorial@vreditoras.com

México: Av. Tamaulipas 145, Colonia Hipódromo Condesa,
Delegación Cuauhtémoc, México D. F. (C.P. 06170)
Tel./Fax: (5255) 5220-6620/6621 • 01800-543-4995
e-mail: editoras@vergarariba.com.mx

ISBN: 978-987-612-665-6

Impreso en Argentina por Latingráfica • Printed in Argentina

Julio de 2013

Stamateas, Alejandra
Mis emociones me dominan. - 1a ed. - Ciudad Autónoma de Buenos Aires: V&R, 2013.
112 p.; 21x14 cm.

ISBN 978-987-612-665-6

1. Autoayuda. 2. Superación Personal. I. Título
CDD 158.1

ALEJANDRA **STAMATEAS**

Prólogo de Glenda Umaña
Presentadora de CNN

MIS
EMOCIONES
ME
DOMINAN

Primeras palabras

E scribir un libro sobre las emociones me llevó a expresar muchas de ellas, que fui transmitiendo a medida que trataba de explicarlas. Sin embargo, lo más emocionante para mí fue el desafío personal que me planteaba este libro en particular: lograr que una mujer a la que he admirado durante muchos años pudiera prologarlo.

Al principio, solo conocía a Glenda Umaña a través de la pantalla de televisión. La veía dando las noticias en la cadena CNN en Español con una mirada diferente, que me atraía. Ella transmitía una belleza emocional, física y espiritual que, como se suele decir, traspasaba la pantalla.

Una tarde recibí una llamada telefónica. Del otro lado del teléfono una voz me dijo: "Soy Glenda. Quiero invitarte a los estudios de la CNN en Buenos Aires para hacerte una nota". Quedé paralizada. ¡No lo podía creer! Si bien sabía que Dios puede cumplir nuestros sueños, deseos y anhelos por más inalcanzables que nos parezcan, en ese momento mis emociones me dominaron.

A partir de entonces nuestros encuentros "vía satélite" fueron cada vez más seguidos. Cuando viajaba a los estudios de la CNN en Miami me entrevistaba Glenda o, en su defecto, la genial y dulce Mercedes Soler. Pero como Dios nunca deja nada por la mitad, mi gran deseo era ir a Atlanta a hablar con ella en persona y poder pedirle que prologara este libro que hoy está en tus manos.

Fueron muchas las emociones que tuve que dominar, entender, calmar e incluso vivir profundamente. Finalmente, me decidí a pedirle un encuentro. Compré un boleto de avión y, junto a una de mis hijas y mi amiga Paty, me fui rumbo a Atlanta sin saber lo que iría a ocurrir. ¡Este sí que era todo un desafío!

¿Me recibiría?, ¿se acordaría de la entrevista?, ¿me atendería dos minutos y luego me diría que no escribiría el prólogo? ¿Y si todo ese esfuerzo era en vano? Las emociones otra vez afloraron para jugarme una mala pasada.

La noche anterior al encuentro me avisaron que había una modificación en el horario: la entrevista no se realizaría a las doce del mediodía sino a las ocho de la mañana. ¡Ocho de la mañana! Tenía que encontrar un salón para peinarme y arreglarme las manos, pero a la hora que supe del cambio de horario ya no había salones abiertos. ¿Cómo me presentaría delante de Glenda sin estar correctamente arreglada? Mi amiga y mi hija me convencieron: Paty se encargaría de peinarme. ¿Cómo sería el debut de mi amiga como peluquera? ¿Me haría un look afro, una onda Marge Simpson o tal vez terminaría calva? Gracias a Dios, después de dormir prácticamente de pie, a las seis de la mañana estaba en perfectas condiciones y entusiasmadísima por el encuentro. Llegué a la CNN bien temprano. Cuando vi la inmensidad del lugar el corazón empezó a latir rápido en mi pecho: "¡Gracias, Dios! ¡No puedo creer que me hayas traído hasta aquí!". Tomamos un café y nos anunciamos. Cuando Glenda apareció en la recepción, sentí como si la conociera de toda la vida. Cálida, franca, sonriendo con esa sonrisa pacífica que la caracteriza... ¡"una grande" en todo el sentido de la palabra! Todos mis miedos y dudas se disiparon apenas me recibió.

Conversar con ella fue sumamente agradable. Me presentó a conductores de distintos programas: Carlos Montero, Alejandra Oraa; y a su equipo de producción.

En ese mismo momento organizó una entrevista para hablar de otro de mis libros cuando regresara a Buenos Aires. Y lo más importante... ¡el objetivo se cumplió! Glenda estaba complacida de poder hacer el prólogo (previa autorización de CNN). Cuando leí lo que había escrito me volví a emocionar por todas las palabras bellas que me dedicó a mí y a este libro. ¿Qué más puedo decir? ¡Dios hace los sueños realidad!

ALEJANDRA STAMATEAS

Prólogo

Tener en las manos *Mis emociones me dominan* es como si Alejandra Stamateas estuviera hablándote directamente y viéndote a los ojos. Es recibir el consejo claro sobre circunstancias específicas, que enfrentamos casi todas en algún momento de nuestras vidas.

Qué hacer para que funcione una relación, cuándo debemos decir basta; cuáles son las actitudes que nos perjudican y cómo las podemos cambiar.

La primera vez que entrevisté a Alejandra para CNN en Español, quedé asombrada por la pasión, claridad e inyección de entusiasmo de sus respuestas.

Evidentemente su objetivo es que las mujeres desarrollemos la capacidad de valorarnos, de respetarnos, de ser valientes y de interrelacionarnos de una manera más efectiva.

Todas nos enojamos... pero ¿de qué forma lo exteriorizamos? ¿Es la correcta? O ¿cómo nos afecta realmente?

Todos sus ejemplos y las distintas emociones descritas en su libro tienen un común denominador: la manera en que ella cree que debemos superarlos y dominarlos: con la fe. Alejandra destaca: "La fe te hace ser una persona segura y más bendecida".

La vida está llena de matices. ¿Cómo enfrentar la angustia o la decepción? En las páginas de *Mis emociones me dominan* pueden encontrarse alivio y consejos prácticos para luchar contra ese sentimiento tan común, que si se prolonga demasiado, puede ser peligroso.

Alejandra Stamateas nos brinda una avalancha de motivaciones y herramientas para disfrutar y descubrir lo que realmente nos gusta y para ser más felices y poder compartir ese bienestar con quienes amamos. Nos enseña a concentrarnos en los pensamientos positivos, mejorar nuestra autoestima y tomar las mejores decisiones, porque cada día es una nueva oportunidad.

¿Hacia dónde vamos cuando nos embarga un sentimiento de incertidumbre?

Queda claro que no todo tiene que ver con nosotras, que no somos culpables ni responsables de todo lo que sucede.

En este libro Alejandra nos ofrece herramientas para que analicemos lo que estamos sintiendo y por qué.

Los consejos: festejar las bendiciones. No guardar nada "por las dudas", pues la vida se nos pasa.

Cuando tenemos algo pendiente: no buscar excusas, ni distracciones. Cumplir con la tarea.

Algunos de estos consejos los puse en práctica de inmediato y doy fe de que dan buenos resultados.

Todos estamos colmados de dones y tenemos que aprender a desempolvarlos y aprovecharlos.

Mis emociones me dominan es un manual de vida, de lectura obligatoria, que concluye de una manera muy positiva.

Alejandra nos inspira y nos empuja a encender y mantener el motor de la alegría.

Para ella esta obra es una misión. La cumple con creces.

Pongamos en práctica sus consejos.

"Los triunfadores son los que vuelven a insistir."

GLENDA UMAÑA
PRESENTADORA DE CNN

CAPÍTULO

I

Tengo el ánimo por el piso

1. No logro levantar mi ánimo

Cuando estás atravesando una desilusión, una situación de tristeza, cuando tu ánimo no es el de siempre, cuando tus emociones están siendo vulnerables, ¿te detuviste a pensar por qué estás llorando o dejas que las lágrimas broten y broten…? ¿Te dejaste consumir alguna vez por la angustia o por la tristeza? O en algún momento de esa crisis te detuviste y dijiste: *¿Por qué tengo que entristecerme por esta situación? ¿Por qué voy a seguir perdiendo mi salud, mi vida, mi pensamiento y mi tiempo en esta situación?*

El hecho es que cuando perdemos la confianza en nosotros y en nuestras capacidades, perdemos la alegría. Uno no pierde la alegría porque sí, porque atravesaste por una experiencia triste, o porque la vida fue dura contigo, sino porque perdiste la seguridad en tus habilidades para enfrentar las circunstancias y la seguridad en ti misma.

Nos decimos a nosotras mismas: *Con esto que me pasó, con este dolor, con este fracaso, con esta traición, cada vez me siento más débil y más insegura. Me fue mal en el amor, fracasé, me engañaron y ahora me siento insegura o incapaz de volver a confiar en un hombre. ¿Cómo voy a hacer si tengo otra pareja? ¿Me irá bien o no?* Y la duda que susurra en tu mente, te entristece y te debilita.

Sin embargo, las circunstancias no son el tema principal de todo ese problema que estás atravesando, sino la falta de confianza en ti misma para resolver aquella situación que te entristece cada vez más.

Piensa en todas las cosas por las que has pasado. Seguramente hubo crisis más profundas que fuiste capaz de traspasar y hoy estás parada delante de otro desafío. Esa marca, ese logro es el balón que necesitamos levantar y recordar cada vez que algo nos angustia y nos desequilibra para poder salir nuevamente de esta situación fortalecidas y contentas.

2. Rediseñar tu vida

Una de las cosas que me ha sorprendido al recibir muchos emails, es que me dicen:

Alejandra, dentro de todo, tengo todo lo que quiero, estoy más o menos bien económicamente, no tengo grandes luchas económicas, familiarmente estoy bastante bien, no sufro grandes crisis matrimoniales ni familiares –algunas cada tanto, pero las podemos resolver–, o sea, tengo todo lo que cualquier persona desearía. Sin embargo, cuando me despierto a la mañana no soy feliz, no tengo ganas de levantarme, a veces me pregunto para qué vivo, y no tengo ánimo.

¿Te sientes identificada con algunos de estos dichos o los verbalizaste en algún momento de tu vida?

Tienes todo lo que necesitas, pero a pesar de ello, no te gusta o no te conforma el camino que está tomando tu vida. Y esto nos suele suceder en algún momento. Miramos hacia atrás y decimos: *¿Qué hice? Y aquellos sueños que tenía, ¿en dónde quedaron?*

Frente a ello hay una solución: "rediseñar tu vida". Vivir bajo la sensación permanente de que las cosas no funcionan como yo quisiera desestabiliza nuestras emociones y toda nuestra salud. Darnos cuenta de esta realidad nos ayudará a tomar conciencia de nuestra vida, decir ¡basta! y comenzar así a diseñar cómo sería nuestro día ideal.

Todas las mujeres tenemos que hacer algo para llegar a ese día ideal, tener en nuestra mente cómo sería ese día; no importa que en ese día ideal haya cosas fantasiosas. No todos los días te va a gustar salir a comprar o vas a tener ganas de estar debajo de un árbol las veinticuatro horas. El día ideal tiene cosas exageradas. Pero haz todo lo posible para rediseñar tu vida y acercarte a aquello que te gusta, que te da disfrute y placer. ¿Por qué no?, sí, *placer*.

Por mucho tiempo, las mujeres nos hemos alejado de esas cosas buenas pensando que eran malas o que tal vez no las merecíamos. *¿Cómo pensar en un día entero de spa? ¿Cómo invertir el dinero en mí, si mis hijos necesitan el nuevo teléfono que tiene incluida la pantalla de televisión?* Y así es como nos fuimos prohibiendo, desmereciendo, postergándonos, y no supimos hacer amigas o no nos dimos permiso para pensar en ese día ideal.

Tenemos que saber que nadie lo hará por nosotras, nadie nos lo va a acercar, lo tenemos que hacer nosotras, rediseñar nuestra vida para levantarnos cada mañana y decir: *Hoy estoy más cerca de lo que me gustaría vivir.*

Hoy estoy más cerca de lo que me gustaría vivir.

Desarrolla una mentalidad de ganadora. Piensa en ganar, en cómo puedes ganar. Si tu mentalidad es esta, terminarás ganando pase lo que pase. Comienza a desarrollar, a cultivar aquellos hábitos que te harán ganar más allá de las circunstancias. Pensar bien de uno mismo es un hábito que tienes que traer a tu mente. No te quedes viviendo en esa depresión, esa angustia, esa tristeza. Ellos no son tu naturaleza, no son compatibles con un espíritu ganador.

Somos como un árbol plantado que da fruto en su tiempo. ¿Qué significa esto? Que si el árbol da fruto en su tiempo, hay momentos en que no los da. No todo el año el árbol da frutos. Hay un tiempo de dar fruto y hay un tiempo de sequía. Ambos tiempos son necesarios. Tal vez estás en el tiempo de dar fruto o en el tiempo de la sequía. Las dos cosas están bien, las dos cosas son correctas. Puedes estar en el tiempo de dar fruto o en el tiempo de la sequía, en el tiempo donde hay ramas, pero sin hojas y sin frutos. Y eso está bien, porque lo importante es que haya raíces. Hay un tiempo exacto en el que nos estamos preparando para que luego venga el fruto.

Estar en tiempo de sequía no te hace ser una perdedora. Quiere decir que estás pasando por otro momento. Ahora bien, en el tiempo de sequía nos sobreviene el desánimo. ¿Por qué nos desanimamos los seres humanos? Porque durante muchísimo tiempo hemos peleado. Todo este año peleaste: peleaste por tus hijos, por tu matrimonio, peleaste económicamente porque el dinero no alcanzaba… Entonces hoy tu ánimo está agotado, estás en desánimo, no porque hayas bajado los brazos, sino porque ¡la peleaste! ¡Peleaste la vida misma!

Pelear te debilita, te quita la fuerza. Las mujeres usamos todas nuestras fuerzas cuando estamos en dificultades, cuando perseguimos un objetivo y, al mismo tiempo, queremos tener el control de todo. Sin embargo, necesitamos aprender el arte de morir. Morir a querer controlar todo, a querer que todo pase por nuestras manos. ¡Cómo nos gusta controlar todo!

El arte de morir tiene que ver con el arte de aprender a soltar cosas. Quiero darte una buena noticia: aunque no estés, el mundo sigue adelante. No somos imprescindibles, somos importantes pero no imprescindibles.

Es así, el mundo sigue, la empresa donde estás trabajando va a seguir facturando estés o no estés. Aprende el arte de soltar cosas, porque el querer tener todo dentro de nuestras manos nos angustia, y además nos carga de las emociones de cada persona de la cual nos hicimos cargo.

Tal vez hoy no recuerdes todas las batallas a las que les hiciste frente, pero peleaste duro contra una enfermedad, contra una deuda, con problemas con tus hijos, con tu pareja, contra una infidelidad y hoy estás agotada; pero lo importante es que peleaste la vida, seguiste adelante y lograste traspasar todas esas circunstancias. Es lógico que sientas el cansancio de acumular tanta pelea y batalla. Quizás hoy estás cansada, no por no haber hecho nada, sino *por haber hecho mucho.*

Quizás adviertes que tu ánimo ya no es el mismo, porque mientras luchaste no sentiste que tenías los resultados que estabas esperando. Tal vez te propusiste llegar a muchas metas, te prometiste cambios –a ti misma y a los demás– y no pudiste cumplirlos, y eso te deprime. No pudiste hacerlo y eso te trae mucha angustia. Aquello que no pudiste cumplir o que no tuvo el resultado que estabas esperando no te puede detener, no te puede deprimir.

Los pensamientos de tristeza, de fracaso, de depresión no te pueden detener. Sentirlos es muy bueno, gastarlos es necesario, pero luego de llorar y de quejarte, sigue adelante. Aprende a perseverar. Cada día, al levantarte, puedes tener una nueva oportunidad de comenzar algo de lo que te habías prometido o le habías prometido a alguien. Si Dios te está dando un nuevo día, es porque te está dando una nueva oportunidad para que seas perseverante, para que subas a un nuevo nivel. No importa que no lo hayas logrado, lo que importa es que vuelvas a insistir, que seas tenaz y que sepas que tarde o temprano lo vas a lograr.

Los pensamientos de tristeza, de fracaso, de depresión no te pueden detener.

Los triunfadores son los que vuelven a insistir. ¡Inténtalo nuevamente! Al levantarte cada mañana, vuelve a insistir. Tu fe, tu fuerza de voluntad, tu perseverancia serán honradas. Toda tu vida merece que insistas. Sigue insistiendo, no te deprimas, sigue insistiendo y lo vas a lograr. No permitas que tus pensamientos te debiliten, que tus errores te depriman. Estás ensayando la vida. No tenemos dos vidas, tenemos una y cada día que vivimos, estamos ensayando lo que es vivir. ¿Cómo no nos vamos a equivocar, si estamos en pleno ensayo? Cada vez que pasaste una crisis, un dolor, una tristeza, una traición, ensayaste lo que es vivir.

El fracaso, el error, no pueden torturarte. Al contrario, deben servirte para saber qué cosas no harás más y cuáles sí, seguirás perseverando para lograrlas.

Insiste en vivir. Dios te dio la vida para que insistas, y que la muerte nunca te gane.

Quizás la tristeza te tenga atrapada, estés en una cárcel de angustia, de tristeza, de agobio. Tal vez estés encerrada y sin fuerzas para tomar la llave y abrir esa cárcel o creas que alguien de afuera te tenga que abrir. Y así es como la tristeza te encerró y te dominó; por eso hoy crees que tu fe, tus fuerzas decaen. El hecho es que si la tristeza te gana la pelea, tu fe cae, porque la tristeza tapa tu fe. Por eso, arranca esa capa de tristeza. Abre la puerta de tu cárcel y verás cómo la fe está en tu interior. Esto te dará la fuerza que necesitas para hacer aquello que solo tú puedes hacer. Pero esta decisión no la puede tomar otra persona, la tienes que tomar tú.

Tu lucha interna siempre va a ser entre hacerte fuerte o permanecer débil. *Frente a este problema, esta circunstancia, esta crisis, ¿soy débil o me hago fuerte? ¿Me voy a quedar llorando cinco años más con una depresión profunda y mirando la vida con ojos oscurecidos, o sacaré la mujer fuerte de adentro, la que tiene fe y dice: "Voy a insistir y mañana llegaré al resultado que estoy esperando"?*

Quizá te debilitaste porque en medio de tanta pelea no disfrutaste, no te detuviste a disfrutar. Tal vez le ganaste a ese problema, a esa preocupación, pero hoy otro tema llena tu mente, tus sentimientos. Pareciera ser que tu mente funciona si el motor de la preocupación avanza. La mente está tan habituada a las dificultades que pareciera ser que necesitamos buscar un conflicto para sentir que estamos vivas. Y nos preocupamos más por los problemas que por disfrutar lo que realmente hemos logrado.

Es tiempo de ejercitar la facultad de disfrutar, de saborear los logros que obtuvimos o las cientos de cosas que tenemos a nuestro alrededor y nos dan la felicidad que necesitamos. Darle un beso a nuestro hijo, a nuestra pareja, saludar a un amigo por teléfono, son sabores que necesitamos aprender a disfrutar. Son parte de nuestra vida, de la alegría de nuestra vida.

Es tiempo de ejercitar la facultad de disfrutar, de saborear los logros que obtuvimos o las cientos de cosas que tenemos a nuestro alrededor y nos dan la felicidad que necesitamos.

Disfruta la bendición. No guardes "por las dudas". Todo lo que tienes, disfrútalo. Festeja la bendición. Dios quiere que tomes todo y disfrutes de todo.

Hay gente que tiene cosas guardadas "por las dudas". Si Dios me da algo es para que se use, y el día que se gaste, me dará otra cosa. El problema es que la gente tiene la bendición, pero no tiene el don de disfrutar. Puedes tener algo pero no aprovechar ni disfrutar nada. Lo tienes ahí, como un adorno. Pero la persona que tiene el don de disfrutar –un regalo que solo Dios te puede dar–, cuando Dios le da la bendición, la disfruta completamente.

Siempre que estás cansada aparece la tristeza, por eso lo mejor es descansar, buscar ese momento de paz para que otra vez el gozo, la alegría y la fe que están en tu interior vuelvan a fluir. Y si la tristeza te habla diciéndote: "No llegaste a conseguir lo que estabas buscando", puedes responderle: "No te preocupes, estoy de pie y seguiré buscando, insistiendo".

Las mujeres exitosas, ganadoras y perseverantes son las que obtienen las cosas por las que luchan y pelean.

Recupera la confianza y la seguridad en ti misma. La confianza no es algo que el otro te puede dar, es una actitud que debe salir desde tu propio ser. Es algo que debes activar desde tu interior. Cada vez que tomes aliento, que te animes, que te sepas motivar y darte fe, la confianza será tu aliada.

La vida es como una carrera, necesitas decir: "Tengo que ganar. Me tiene que ir bien. Debo salir de esta tristeza, superarme en la vida y lograr algo más". Eso es como tomar carrera, darte aliento, confianza y lo tienes que hacer tú misma.

Las mujeres exitosas, ganadoras y perseverantes son
las que obtienen las cosas por las que luchan y pelean.

3. Esperando lo mejor

Existen tres niveles de expectativa.

1. La expectativa del ni

Es la gente que dice: "Yo no sé si me puede pasar a mí, puede ser que sí, puede ser que no". Puede ser o no.

2. La expectativa del no

"A mí no me va a pasar. Eso no se me va a dar. A mí no se me va a cumplir. No voy a ser feliz. Nunca voy a tener dinero. Nunca voy a tener mi casa propia. Nunca voy a conducir un auto."

3. La expectativa del sí.

Esta expectativa es aquella que sabe que en algún rincón de tu interior vas a encontrar ese *sí*. Las cosas parecen que no, las cosas parecen que ni, pero yo digo "sí". "A mí sí se me va a dar. Voy a conseguir ese trabajo. Voy a tener mi casa. Voy a conducir ese auto. Voy a tener bendición. A mí sí me van a dar ese ascenso o puesto que estoy esperando. Y todo lo que yo haga, me va a salir bien. A mí me va a salir bien." Esa es la expectativa del sí.

Cada mañana, al levantarte chequea tu nivel de expectativa. Si te levantaste con un *ni*, si te levantaste con un *no* o si te levantaste con un *sí*. Mientras lo practiques estarás renovando la alegría.

Practícalo. La alegría no vendrá dentro de una carta, ni la traerá un extraño. De esperar que así suceda estarás a merced del otro, dependiendo de los demás. Y así es como se te pasa la vida. Busca el *sí* en tu interior. Suelta la esperanza que tienes guardada dentro.

Cada mañana, al levantarte chequea tu nivel
de expectativa.

Dios nos dio tiempo de sequía y tiempo de frutos para lograr en nosotros *estabilidad*. Él anhela que tengamos estabilidad emocional y, muchas veces, lograrla nos cuesta. Quiere que tengamos estabilidad, que siempre seamos de una palabra, de una emoción, estemos bien o estemos mal, y va a trabajar en nuestra estabilidad emocional para que siempre soltemos fe, ya sea en tiempo de sequía o en tiempo de dar fruto, en tiempos donde parece que nada sucede y en tiempos donde parece que todas las puertas se abren y estás contenta porque la primavera y el verano comenzaron a brotar en tu vida.

Usa cada músculo de tu cuerpo que aún no usaste para lograr esa estabilidad que estás necesitando. Piensa como una ganadora. Si estás en tiempo de sequía debes saber que no eres una perdedora. Eres una ganadora, solamente estás en un *impasse* donde parece que no hay fruto, pero hay raíz y lo que importa es la raíz. Mantente firme a pesar de que no veas nada, o de que las cosas parezcan contrarias a tus deseos. Hay músculos, los músculos de la fe. La fe está para que la uses, para declarar con toda la fuerza que tengas, que dentro de poco esa situación difícil que hoy desestabilizó tus emociones, terminará, y verás el fruto en abundancia, lo que has estado esperando. Cada promesa será cumplida.

Ten en cuenta que estás viviendo el proceso. Es más fácil pensar mal, creer que estás pagando los errores de tu vida, creer que nunca lo vas a lograr, que no tienes capacidad, es más fácil pensar así. Cuesta quedarse en la estabilidad, pero ejercita el músculo de la fe. Hay una fe sobrenatural en tu interior que tiene que salir.

Toda conquista se logra en primer lugar en tu mente. No es fácil al comienzo, pero practícalo. Tal vez no estés habituada, pero ejercítalo. La fe es un ejercicio que debes hacer todos los días. Tener fe es algo por lo que optas. Es una decisión propia, personal, la tienes que tomar tú, no lo puede hacer alguien más por ti. No importa lo que no lograste. No te debe importar lo que perdiste. No te tiene que importar lo que se fue o lo que ya no está. No importan los fracasos. No importan las críticas, no importa lo que aún no terminaste. Sé agradecida por el lugar hasta donde hoy llegaste, el lugar donde hoy estás, y cuando agradezcas, estarás lista para recibir más y más.

Hazte cargo. Te corresponde quitarte el traje del dolor, de la depresión, porque cuando la tristeza viene a tu vida, aplasta tu fe y no puedes ver bendición; porque cuando te invade la melancolía, te aplasta la esperanza, la capacidad, la creatividad y no encuentras la fuerza que necesitas para dar a luz la alegría que está por venir.

CAPÍTULO

II

Una compañía muy poco seductora

No te aferres a la tristeza

Por momentos, frente a algunos hechos sentimos que esa tristeza que nos invade se quedará a vivir toda la vida en nuestro interior. Sin embargo, ¡esto no es así!

Todos los seres humanos tenemos un don: el don de la resistencia. Tenemos la habilidad de recuperarnos emocionalmente, aunque pensemos que esa situación o ese conflicto nos van a terminar enfermando o matando. Por eso, para salir de esta situación y dejar atrás esta emoción que nos paraliza y nos anula necesitamos actuar sabiamente.

Todos los seres humanos tenemos un don: el don de la resistencia.

• *En primer lugar, no permitas que lo que te pasó te defina como persona.*

No dejes que las circunstancias, el dolor, el fracaso, la angustia, la tristeza, esa situación que no se dio como imaginabas te defina como persona. Después de cada trauma, de cada herida, de cada dolor, hay una vida, y que puedas vivirla con pasión va a depender de ti. Si fracasaste ese no es el final de la carrera. Luego de ese fracaso hay una vida que puede ser extraordinaria.

¿Qué hacer, entonces, cuando se nos rompe el corazón, cuando pasamos por una situación difícil, para reaccionar con sabiduría?

En la antigüedad –y actualmente– los judíos celebran una fiesta llamada "de los tabernáculos" y construyen cerca de sus casas unas cabañas muy precarias que usan para los festejos por el período de una semana. Ellos comen y organizan fiestas dentro de esas cabañas, pero a veces, aparece un viento fuerte o tormentas que van destruyendo algunas de las paredes de esas cabañas. Hay una ley judía que dice que si una o dos de las cuatro paredes de esa cabaña precaria se caen, esta sigue siendo una cabaña apropiada para celebrar dicha fiesta.

¿Qué quiero decirte con esta anécdota? Seguramente, después de ese dolor, de esa sensación de fracaso, una parte de tu mundo se cayó, pero tú puedes aprender a arreglarte con aquello que aún sigue en pie. Todavía puedes celebrar una fiesta aunque queden solamente dos paredes. Esa es la capacidad que tenemos los seres humanos: podemos resistir.

En la vida debemos saber que perder no nos convierte en fracasados. Perder no te transforma en un perdedor, en una perdedora. ¿Perdiste finanzas? No eres una perdedora. Es una pared que se cayó, pero todavía puedes hacer la fiesta. ¿Tienes un problema de salud? Es una pared que se cayó, pero todavía hay tiempo para hacer la fiesta.

• *En segundo lugar, sé libre.*

Para ser sabia sobre cómo resolver esta crisis y no llegar a enfermarte de tristeza o enfrentar la muerte, tienes que liberarte del sueño que te ahoga. Muchas veces soñamos, y eso está muy bien. Pero otras veces soñamos con cosas que son perfectas. Y cuando pisamos nuestra vida, caminamos en el sueño, nos damos cuenta de que ese sueño no se puede cumplir perfectamente porque nos encontramos con la realidad.

Soñabas con tener una pareja perfecta y, de pronto, te encuentras con los pedacitos de piedras, con la realidad, con que esa pareja era una ilusión, en verdad no existe. No hay manera de tener una pareja perfecta. Pensabas que ibas a tener hijos, y que se iban a sacar el sombrero ante ti y todo el mundo te iba a hablar de lo buenos que eran. Y, de pronto, las cosas no ocurrieron así porque tus hijos tienen su propia vida y eligen su camino. Por eso, querida mujer, enfócate, pon tus ojos en la realidad. El sueño perfecto solo terminará ahogándote.

Si piensas en la pareja perfecta, cuando se produzca la primera pelea, te costará mucho levantarte y pensarás que una simple discusión es el fin de esa relación. Pero si ves la verdad, que estas cosas ocurren, que se pueden sanar, se pueden conversar y se pueden arreglar, estás viendo esas piedras no como una frustración, sino como la realidad. El hombre que está a tu lado tiene limitaciones, si pudieras comprenderlo todo será mucho más fácil.

Enfócate, pon tus ojos en la realidad. El sueño perfecto solo terminará ahogándote.

Nuestra tarea es darnos cuenta y aceptar que las cosas no son perfectas. Los seres humanos nos equivocamos, tenemos fallas y es normal. Muchas veces hacemos ídolos de personas que no pueden serlo porque solo se trata de seres humanos.

¡Libérate de la tiranía del sueño perfecto! Cuando lo hagas no sufrirás angustia ni tristeza. Y la desilusión no tendrá oportunidad de anidar en tus emociones.

• *En tercer lugar, construye a partir de la decepción.*

Ser humilde significa entender, comprender que no todo lo que pasa en la vida tiene que ver con nosotros. Que no todo éxito que tengo tiene que ver con que yo hice algo bien. Y no todo error o fracaso tiene que ver conmigo. No todo se refiere a nosotros. Eso es humildad. *Humildad* significa reconocer que no somos Dios. Y que muchas de las cosas que nos sucedieron o nos pasarán, no fueron por nuestras decisiones; no hemos hecho nada ni tuvimos ninguna injerencia para que sucedieran.

Las decisiones de tus hijos no tienen que ver con un error o un acierto tuyo. No somos Dios para controlar el universo, para estar diseñando caminos. Eso es humildad: darse cuenta, reconocer que no todo lo que pasa en la vida, ya sea bueno o malo, depende de uno mismo. Entonces, tengo que ver la realidad. Me está pasando algo malo, o me está pasando algo bueno, y tengo que construir a partir de la realidad. *Cómo me gustaría volver a tener…. Cómo me gustaría volver a ser… ¡pero ya pasó!*

Vuelve a construir sobre la realidad, sobre las piedras que quedaron después de que las grandes rocas se destruyeron; es a partir de allí, de los pedacitos de escombros, de piedras, que necesito volver a levantar mi vida.

Seguramente pasaste cosas difíciles, una te salió mal, pero hay otras muchas que están por venir que te saldrán bien. Y es lindo vivir en un mundo así, en un mundo lleno de bendición. Es bello, vale la pena. Tenemos la habilidad de tomar cada pedazo roto de nuestro sueño y utilizarlo para armar escalones para subir a nuestro próximo sueño. No un sueño perfecto, sino un proyecto pisando la realidad.

Cuando creemos que no podemos superar una situación, cuando creemos que no tenemos fuerzas para salir adelante, cuando creemos que nos vamos a morir del dolor, de la angustia, de la tristeza, de tanto llorar, alguien estará allí con nosotros, de eso se trata Dios; Dios siempre está con nosotros.

Hoy puedes tomar en tus manos las piedras de esa desilusión, las piedras de ese sueño, lo que quedó roto, lo que quedó inconcluso, lo que no se pudo definir nunca, lo que no pudiste realizar, lo que no pudiste alcanzar. Tal vez hasta te dio ganas de no soñar nunca más. Toma esas piedras, acarícialas pensando y verbalizando que ellas no implican frustración, sino una realidad que atravesaste y que vas a superar. A partir de allí, vuelve a soñar sabiendo que vas a lograr los objetivos que estás esperando, sin importar cuánto tiempo te lleve alcanzarlos.

Sueña otra vez, pero desde tu realidad, no desde la fantasía. No desde ese sueño perfecto, que te hunde, que te asfixia, que te ahoga. Pero nunca dejes de soñar…

Tenemos la habilidad de tomar cada pedazo roto de nuestro sueño y utilizarlo para armar escalones para subir a nuestro próximo sueño.

No todo tiene que ver con nosotros, ni es tu culpa. Construye nuevamente, tienes vida. No la pierdas en la tristeza. Úsala, sé productiva. Pero ahora, esta vez, hazlo desde la realidad. Construyo desde la revelación que hizo mi hijo, mi hija, desde la revelación que hizo mi pareja –*me fue infiel*–, desde la revelación de las finanzas, desde la revelación que descubrí cuando vi que el negocio no funcionaba. Construye desde la verdad, no desde la imaginación. No estás sola, estás con Dios, y Dios te prometió estar contigo pase lo que pase. La pauta de cómo tienes que construir lo nuevo es desde tu realidad. Ya no te mientes más, ya no te engañas más. Ya no parto desde la perfección, sino desde acá en adelante. Es con lo que hoy tengo, con lo que hoy soy, que voy a construir un sueño nuevo. Desde esta forma de ver la vida, no hay manera de rendirse.

• *Y en cuarto lugar, madurar.*

La madurez requiere de un proceso que no es rápido. Debemos aprender a aceptar que el tiempo pasa, y transcurrirlo.

Muchas veces no nos tenemos paciencia, queremos ser maduras "ya", salir de la circunstancia "ya", y no aceptamos el proceso ni valoramos lo que nos ocurre en él. Si tuvieras que hacer fuego, ¿qué utilizarías, leña o semillas? Lo natural y lógico es usar leña. Sin embargo, cada vez que Jesús quiso hacer fuego usó semillas en la vida de una persona. Cuando queremos cambios en la mente tenemos que pedir proceso, no milagros.

Lo que hoy aún no ves con tus ojos físicos, vendrá.

CAPÍTULO

III

Por mi carácter me
estoy quedando sola

1. Que ni se me cruce...

Seguramente en algún momento de tu vida alguien te dijo: "Con este carácter te vas a quedar sola, no vas a llegar a ningún lado...". Pareciera ser que por tener un mal carácter o no tener el carácter que todos esperan que tengamos estamos destinadas al fracaso; pareciera ser que nadie nos tolera. Escuchar esa voz externa que una y otra vez nos señala el fracaso para nuestra vida hace que nuestras emociones estén heridas. Por eso, comencemos por definir qué es carácter.

Carácter es una palabra que viene del latín y que significa o se traduce como tallar o esculpir. Todos tenemos la habilidad de tallar o esculpir nuestro carácter. Todos podemos hacer de nuestro carácter una obra de arte. ¿Te pusiste a pensar qué carácter te gustaría tener?

Hablemos un poco de la furia, emoción que suele estar muy escondida debajo de la rabia, de la ira, de aquella *bronca* que no pudimos resolver y gastar a tiempo con la persona indicada. Alguien definió la furia como "aguas termales hirvientes que pueden entrar en erupción en cualquier momento". Y la furia es mental y física, porque a partir de comenzar a sentirla, los pensamientos se transforman. Los pensamientos, ¡si es que puedes pensar!, y el cuerpo también parecieran ser un volcán a punto de estallar. Y esa furia descontrolada asusta, no solo a los que están a nuestro alrededor, sino que también nos asusta a nosotros mismos cuando la descargamos al no saber qué es lo que nos está pasando.

Las mujeres estallamos en furia básicamente cuando nuestra inocencia se pierde. Vivíamos en un mundo de inocencia, pero de pronto, esa inocencia es traicionada. Y en el momento que aparece esa herida, sale la furia. Cuando pasó algo que no imaginábamos.

Generalmente las mujeres ocultamos la furia. Pero ocultarla no nos sirve en absoluto, todo lo contrario; al guardarla nos terminamos destruyendo a nosotras mismas. Tenemos miedo de mostrar la furia porque fuimos criadas para ser buenas y como nos sentimos malas si la soltamos –que es algo que no podemos hacer–, la empezamos a ocultar, le ponemos disfraces a través de enfermedades mentales o físicas.

Es muy común que una mujer que tenga mucha furia tenga ataques de pánico, fobias, bulimia o anorexia. ¿Por qué? Porque, querida mujer, todas aquellas emociones que no podemos volcar en el afuera en el momento indicado y con la persona indicada, terminan encapsulándose en nuestro cuerpo, el cual, tarde o temprano, reacciona enfermándose.

Detrás de una mujer depresiva hay mucho enojo que nunca habló, que nunca dijo. A través del alcohol, de la comida, de una fatiga crónica, esas mujeres que ya no deciden nada, pasan muchas horas de sus vidas en una cama tolerando cualquier situación difícil; al no poder reaccionar, esconden esa emoción que por tanto tiempo se les dijo o se les enseñó que no podían expresar. Al vivir bajo estas creencias, se quedaron sin reacción, y hoy son las eternas buenas mujeres que terminan sus vidas padeciendo graves enfermedades.

Todas aquellas emociones que no podemos volcar en el afuera en el momento indicado y con la persona indicada, terminan encapsulándose en nuestro cuerpo, el cual, tarde o temprano, reacciona enfermándose.

2. ¡Estoy por explotar, ni me hables!

La furia, como la ira, es una emoción que bien educada te sirve. A la furia hay que sacarla, no guardarla; pero sacarla no para usarla en tu contra o contra los demás.

En muchas ocasiones, tanto las mujeres como los hombres no sabemos cómo dirigir o canalizar nuestras emociones y así es como terminamos teniendo los resultados que no queremos. Seguramente habrás escuchado una historia muy conocida de un personaje llamado Sansón. Este hombre era famoso por su fuerza. Derribaba ejércitos él solo, su fuerza era única. Pero en una ocasión, dejándose llevar por su furia, se puso entre unas columnas, usó todas las fuerzas que tenía, hizo que se cayeran las columnas y derribó un templo sobre sus enemigos, y sobre él, provocando su propia muerte. En realidad, podría haber usado la furia para salvarse y que solamente sus enemigos murieran, pero no usó la furia con sabiduría.

¿Te pusiste a pensar cuántas veces eres tu peor enemiga? ¿Cuántas veces actúas como Sansón?

Las emociones están ahí para usarlas a nuestro favor, no en nuestra contra. Por eso, pensemos cómo hacemos para soltar estas emociones sanamente.

En primer lugar, ponle palabras a la furia. Pregúntate qué es lo que te enoja realmente. Ponle palabras a la furia para que ella sea consciente. Cuando uno habla sobre un tema, lo desmitifica, le saca el poder, lo achica, le saca la emoción. A veces, por lo general no hablamos de un asunto pensando que es un tema tabú. Por años nos dijeron: "Las mujeres no hablan así", "Déjalo, mejor que ese tema lo maneje tu marido", y así es como le dimos el poder y la autoridad de nuestras palabras, de nuestros pensamientos y de nuestras emociones al otro. Pero hoy sabemos que cuando hablamos en el lugar correcto y con la persona indicada nos estamos sanando.

Poner en palabras las situaciones que generan crisis, enojo o malestar, achica el problema. ¿Por qué? Simplemente porque al hacerlo lo habrás naturalizado. Dirás: "Esto es lo que me está pasando y tengo que buscarle una solución".

En segundo lugar, esa furia me tiene que llevar a ponerme el objetivo que necesito que termine favoreciéndome a largo plazo. En reiteradas ocasiones descargamos la furia, que no está mal descargarla, pero la descargamos a corto plazo, y el aprendizaje que necesitamos tomar de ella es mucho mayor.

Entonces:
- Tomemos determinaciones que sean buenas para nosotras mismas.
- Las acciones inteligentes te llevan a reacciones inteligentes. Y las reacciones inteligentes te llevan a acciones inteligentes. Y de esta manera ellas terminarán obrando a tu favor.

Poner en palabras las situaciones que generan crisis, enojo o malestar, achica el problema.

CAPÍTULO

IV

Nadie me toma
en serio

1. Nadie se da cuenta de que existo

"Nadie me toma en serio", es una expresión que usamos cuando nos sentimos subestimados por alguien, cuando nos sentimos estafados por aquellos en quienes hemos depositado nuestra confianza. Pareciera ser que en la vida siempre hay un lobo dispuesto a aparecer para arrebatarnos lo que nos pertenece.

Muchas veces, las mujeres tenemos una vestimenta. Nos disponemos a transitar por la vida con esa vestimenta. Nos ponemos la capa roja que usó la niña de Caperucita en su cuento y nos disponemos a tomar una identidad que no es la nuestra. Tal vez tomamos el rol de la mujer que tolera todo en la vida, que todo lo puede, de la mujer fuerte que no necesita de nadie. O tomaste la identidad de la simpática, siempre le tienes que caer bien a todo el mundo, sonreírles a todos aunque no tengas ganas. Vienes caminando por el bosque con tu canastita. Y de pronto, te encuentras con el lobo feroz. Siempre hay un lobo feroz. Sea hombre o mujer, siempre se te va a enfrentar en la vida un lobo feroz; porque siempre se nos cruzan.

Y el lobo feroz te empieza a arrebatar cosas de tu vida, cosas que ganaste con mucho esfuerzo. Cuando viene el lobo crees que tienes que entregar todo, para que el otro te ame, te quiera, te cuide, no te maltrate y no te haga nada.

Todo el contenido de tu canastita se lo entregas al lobo feroz. ¿Qué contiene la canastita? Tus dones, tus capacidades, tu talento. Se lo entregas, se lo pones a disposición: "Todo mi dinero, lo que he logrado, mi carrera, mis esfuerzos".

¿Qué otra cosa más entregas? Le entregas información a cualquiera que se cruce por el camino. En el cuento, el lobo llega antes que Caperucita a la casa de la abuela porque ella le dijo que iba a visitarla. Le dio la dirección de la casa.

Damos más información de la que deberíamos dar y con esa información entregamos la llave de nuestras emociones, lo que sentimos, lo que nos pasa, lo que nos duele, lo que nos hace mal, entregando así el control de nuestra vida. Al dar esta información acerca de nuestras emociones, nuestra vida comienza a tener un blanco fácil de ataque. El otro ya conoce nuestro talón de Aquiles y se va a dirigir hacia él. Y así es como nos convertimos en mujeres emocionalmente vulnerables.

No todo lo que brilla es oro

Para que nuestras emociones no sean un blanco de ataque, necesitamos saber que las cosas no son lo que parecen. En muchas oportunidades nos enredamos en las palabras lindas sin investigar profundamente la vida de las personas hacia quienes nos estamos abriendo.

Por eso, frente a ello, te voy a dar una técnica para que la puedas poner en práctica y es la técnica del rascado. ¿Qué es rascar? Es mirar un poco más allá, es investigar más y más.

Cuando rasqueteas una pared te das cuenta de que detrás hay humedad. A simple vista, ves la casa, parece pintada, parece hermosa, pero si rasqueteas un poquito, tal vez veas que detrás hay humedad que fue tapada. Eso es lo que tenemos que hacer con la gente. Rascar un poquito más, averiguar un poquito más, preguntar un poquito más, buscar información. Hoy hay mil maneras de buscar información sobre la gente.

No nos conformemos con lo que la gente nos dice. El problema que tenemos es que creemos en lo que vemos y no preguntamos. No te quedes con lo que ya aprendiste, no sabemos todo. Creemos que ya sabemos todo de la vida porque tenemos 30, 40, 50, 60, 70 años. Porque hemos pasado dos o tres experiencias en la vida, ya creemos que tenemos todo sabido, sin embargo, para encontrar una solución hay que ponerse a pensar.

Este problema que hoy tengo, ¿cómo lo resuelvo? ¿No habrá otra manera de resolverlo, otra persona a quien le pueda preguntar? A veces hay que cambiar de puerta. No sirve golpear siempre la misma puerta o buscar la misma llave.

Investiguemos más, busquemos más, no le creamos a todo el mundo. No permitamos que nos mientan. No nos dejemos vulnerar con tanta facilidad.

A veces hay que cambiar de puerta. No sirve golpear siempre la misma puerta o buscar la misma llave.

2. Están hablando de mí...

Otra de las cosas que solemos hacer a veces las mujeres es pasar tiempo con gente que no nos aprecia. Tendríamos que hacer una evaluación y fijarnos de qué personas nos estamos rodeando, y una vez que lo hagamos, tener en cuenta cómo suele ser la conversación que tenemos con ellas.

¿Te devalúan mientras estás hablando?
¿Te exigen aquello que saben que para ti requiere un esfuerzo extra?
¿Te traen el pasado todo el tiempo para reprochártelo?
¿Te afirman o te tiran abajo?

¿Qué gente te rodea a diario? Nuestra vida es un tesoro y no podemos compartirla con cualquiera. No podemos aceptar compartir nuestra vida con aquellos que nos devalúan todo el tiempo, eso hace que nuestras emociones se movilicen constantemente. Las palabras nos afectan y si ellas lastiman nuestras emociones necesitamos ver con quiénes estamos pasando nuestro tiempo.

Vivir con una persona que te desprecia, te termina afectando. Poner la expectativa en el otro, buscar su voz, su aprobación, termina desestabilizando nuestras emociones. Buscar la voz que nos dará nuestro sustento, ese trabajo que estamos esperando, esa palabra que nos ayudará, esos recursos que necesitamos, nos hará sentir incapaces de poder resolverlo por nuestros propios medios.

Nuestra voz vale. Ella es nuestra singularidad. Ella nos representa. La gente te conoce por la voz. Si te han escuchado, ya te conocen. Te llaman o llamas a alguien, y lo reconoces por la voz. Porque la voz eres tú misma.

No puedes regalarle a nadie lo que eres. No puedes poner en otro tu voz, porque eres única, y las cosas que decides y que haces, las haces de manera única. Cuando le entregas tu voz a otra persona, y crees más en la otra persona que en ti, te desenfocas. Terminas dándoles tu vida a los demás, y los demás, como no es la vida de ellos, no la cuidan como la tendrían que cuidar.

No le entregues tu voz a nadie. Tu voz es tu manera única de resolver tus problemas. Tal vez no los resuelvas como el otro, pero tienes una manera de resolverlos. Quizás estás esperando tener la respuesta correcta para solucionar la crisis que hoy sufres, y quieres preguntarle a uno, al otro y al otro. Y tienes una manera singular de resolver y enfrentar las situaciones de tu vida. No es como el otro, porque el otro lo hará a su manera, y tú tienes que creer en ti.

<blockquote>
No le entregues tu voz a nadie.
Tu voz es tu manera única de resolver tus problemas.
</blockquote>

Comienza a creer en tu manera de llevar tu vida adelante. Cree en tu manera de resolver los problemas. Cree en la manera en que educas a tus hijos.

No es el otro; es tu voz, es tu singularidad, lo que manifiestes al mundo lo que te dará a conocer. Tal vez callaste por mucho tiempo tu voz o pensaste que los otros eran mejores; que las ideas, las soluciones de los demás eran superiores a las tuyas, pero hoy es tiempo de que vuelvas a recobrar tu voz y tu identidad. Al hacerlo, tus emociones comenzarán a estabilizarse y a responder frente a cada circunstancia, a cada crisis, de la mejor manera: la tuya.

Llénate de fe y de fuerzas. Cuando lo hagas desarrollarás una inteligencia espiritual única, una inteligencia que te hará única y que te llevará a tomar las mejores decisiones y a establecer las mejores relaciones para tu vida; una fuerza que te mantendrá en movimiento permanentemente. Fe y fuerza te harán recuperar y arrebatar lo que alguna vez te sacaron. Nadie tiene derecho a arrebatar tu territorio.

Hay algo que podemos hacer...

En la antigüedad, cuando se conquistaba al rey enemigo, se lo tiraba al piso y se le ponía la pierna en el cuello como señal de victoria. Y eso es lo que tiene que pasar en tu vida. Los problemas, los conflictos, las vivencias, las circunstancias, no pueden tirarte... No negocies con el enemigo.

Con el enemigo no se negocia. Los dos no pueden ganar. O gana él o ganas tú. Pero quiero darte una buena noticia: la única que tiene que ganar eres tú, porque naciste con la capacidad y el potencial para hacerlo. Sé valiente, no dejes pasar tu vida, ¡arriésgate! Sé activa con tu vida y toma autoridad, decide tú cómo serán tus emociones. ¡No te dejes arrebatar nada más en la vida! Tienes fe y tienes fuerza.

Cuántas cosas te arrebataron, cuánta alegría, cuánta fuerza, cuánta energía... Cuántos proyectos sin terminar hay en tu vida, cuántos deseos inconclusos, cuántos sueños que quedaron en el camino, cuántas cuentas pendientes.

Siempre, para que haya un después, tiene que haber un antes. En la televisión podemos ver el antes y el después de una mujer que le arreglaron el cabello, el maquillaje... Tu antes fue ser una persona que nadie tomaba en serio. Pero tu después es entender que tienes el coraje de ir a conquistar con fe y con fuerza el terreno que Dios te regaló, la herencia que Dios te dio, porque tu después es ser hoy la dueña de tu vida.

Para que haya un después, tiene que haber un antes.

¿Qué te arrebataron? ¿Qué se escapó de tus manos? ¿Qué debes recuperar? Lo peor que pueden robarte es la alegría, el gozo. Ellos son la fuerza de tu vida, lo que te mantiene viva. Te levantas a la mañana con tristeza, ¿cómo haces entonces para estar todo el día? Pero si te levantas bien, el día se ve diferente aunque llueva. Tienes todo lo que necesitas para ir a buscar lo que es tuyo.

¿Alguien te robó el amor? ¿Alguien te robó la habilidad interna que tienes? ¿O alguien te robó algo que tenías guardado en tu interior, que antes podías conquistar? ¿Quién te robó tu ser? ¿Quién te robó tu esencia? ¿Quién te robó tu singularidad? ¿Quién te robó el quererte y amarte a ti misma? Hay algo que tienes que ir a arrebatar. A recuperar. Tu vida.

3. Todos tenemos algo

La gran lucha interna que libramos los seres humanos es entre lo que tenemos y lo que no tenemos, entre lo que podemos y lo que no podemos, entre lo posible y lo imposible. Comenzó en el Edén. Dios les dijo a Adán y a Eva: "Pueden comer de todos estos árboles pero de este, no". Allí comenzó la lucha por eso imposible y la atracción por lo imposible. Si vas al médico y te dice: "Puedes comer de todo, menos pan", seguramente vayas en busca del pan, comerás pan a escondidas pero vas a querer comer pan, porque tu lucha es entre lo que puedes y lo que no puedes, entre lo que tienes y lo que no tienes y en este aspecto no hay problema, porque todos los seres humanos queremos más.

Hay tres cosas que nos suceden cuando queremos sí o sí aquello que momentáneamente no tenemos.

- Si quiero lo imposible me voy a anclar allí y quedaré fijada con cualquier palabra seductora que me haga creer que tendré lo que estoy buscando. Siempre aparecerá quien te diga que lo que quieres alcanzar es mucho más fácil, que hay un camino mucho más sencillo para que pagues esa deuda, para que te sanes de tu problema, para que tengas una pareja.
- En muchas oportunidades, los imposibles nos llevan a poner nuestra fe en cualquier promesa que nos garantice alcanzar nuestro deseo, cuyo fin no es el que verdaderamente perseguimos.

- Hay un momento en que hay que mirarse internamente y ver lo que nosotros tenemos, que es mucho.

Una persona de carácter firme es una persona que confía en sus capacidades; como confía en ellas y en sus habilidades, no puede ser engañada por nadie, por eso tiene paz. Una persona que mantiene la paz es una persona que no puede ser seducida por nadie. Es una persona que no puede ser engañada. Sabe quién es y hacia dónde va.

Una persona que mantiene la paz es una persona que no puede ser seducida por nadie. Es una persona que no puede ser engañada.

Hay una asignación para nuestra vida que es solamente nuestra. Haz lo mejor con lo que tienes. Seguramente la vida te depare algunos imposibles momentáneos, pero mientras esto sucede, en medio del proceso, valora lo posible, lo que sí puedes, lo que tienes hoy, lo que sí está; si tu desafío comienza visualizando todo lo que hay a tu favor, llegarás a la meta y a tu sueño.

CAPÍTULO

V

Me siento una perdedora

Conversando conmigo misma

Todos los seres humanos constantemente estamos en una autocharla. A veces es interior, otras veces la exteriorizas por la calle hablando sola. Nos hablamos todo el tiempo, pero no nos damos cuenta de ese proceso. Y en esa autocharla nos decimos cosas buenas, pero la mayoría de las veces, no tanto. Por eso es que debemos tener en cuenta qué es lo que nos estamos hablando. Una autoconversación genera y crea emociones intensas, *actuamos de acuerdo a cómo pensamos*. Y si en esa autocharla hay pensamientos negativos, eso generará emociones fuertes y negativas. Si en cambio, los pensamientos son buenos, también las emociones serán buenas.

Muchas veces cometemos errores, no solo en la forma en que nos conectamos con nosotros mismos, sino que también lo hacemos al relacionarnos con los otros; decimos cosas que no tendríamos que haber dicho, y así es como después la culpa comienza a dar vuelta en nuestra cabeza todo el tiempo.

Veamos los errores más comunes que suelen sucederse en esta autoconversación. Tengamos en cuenta que cuando los llevamos a cabo somos nosotras las que terminamos perdiendo. Por ejemplo:

Primer error: visión catastrófica

Es exagerar algo negativo que nos pasa. Un error cometido lo hacemos gigante, enorme. Todo te parece peor de lo que es y lo positivo queda en el fondo. Este pensamiento comienza generalmente con "y si...". Por ejemplo: *Y si pierdo la casa. Y si mi marido se va con otra. Y si la plata no me alcanza. Y si me echan del trabajo. Y si se burlan de mí.*

Tal vez en el día te han pasado cosas buenas, pero quizá solamente recuerdes aquello negativo que te pasó. En lugar de hacer una lectura de lo bueno, agrandamos lo malo.

Las personas negativas, cuando hablan, crean una historia tremenda de algo malo que les pasó, pero que tal vez fue poco importante o pequeño. Eso es un pensamiento erróneo.

Segundo error: personalización

Es atribuirte todo lo negativo a ti misma. Eres la responsable de *todos* los dolores de la humanidad, de *todos* los problemas de tu casa, de *todos* los conflictos que tienes. Todo tiene que ver conmigo. Eso es ser omnipotente. Mi familia está mal porque soy culpable, porque cometí un error. Si a mis hijos les va mal en la escuela es porque estoy haciendo las cosas mal. Personalizas todo el tiempo. Las cosas andan mal porque no estoy haciendo mi trabajo correctamente, por mis errores. Y así actúas en los demás órdenes de tu vida.

Tercer error: atención selectiva

Me enfoco en un detalle que salió mal. Tengo lo que se llama la visión en túnel, metro: solamente lo negativo. No puedo mirar todo a mí alrededor. No puedo darle condimentos espaciales. Todo está enfocado en eso: me va a ir mal. Mi mamá me maltrató y ahora no voy a poder salir de esto. Si no hubiese tardado tanto, ese hombre se hubiese casado conmigo, pero llegué tarde. La atención selectiva, enfocada en *mis* faltas.

Cuarto error: la adivinación del pensamiento

En este punto las mujeres somos especialistas. *Yo sé que está mal conmigo. Me hizo un gesto. Sé que tiene que ver con lo que le hice.*

Se trata de personas que todo el tiempo adivinan el pensamiento y suponen cómo se sienten los demás. Y hacen juicio de las situaciones de los otros sin tener datos.

Empiezas sin información, haces un juicio de valor de la situación del otro adivinando el pensamiento. Esa persona me odia. ¿Cómo lo sabes? No sé, lo presiento. Y ya odias a esa persona porque crees que te odia, pero no te diste tiempo para conocerla.

Otro de los errores del pensamiento de ese autodiálogo son los "debería". Esto implica comportarnos de acuerdo a reglas inflexibles que hay en nuestra mente. Por ejemplo, *me tengo que levantar a las siete de la mañana.* ¿Por qué? Porque sí. ¿Pero tienes que hacer algo? No. Pero como toda mujer, me tengo que levantar a las siete de la mañana. Antes te levantabas porque tus hijos iban a la escuela. Ahora ya no van, pero continúas levantándote a la misma hora porque es una costumbre, una ley interna que está arraigada en tu mente, es decir: debes actuar de una determinada manera, es una obligación.

Otro de los razonamientos es el emocional. Este razonamiento dice: *lo que siento es la realidad.* Si siento que soy mala es porque lo soy. Si siento que soy una perdedora es porque lo soy. Si siento que soy una mala madre, soy una mala madre. Es decir, si lo sientes es porque es la verdad.

Y al tener el problema del razonamiento erróneo, siempre tienes que tener la razón y confirmarle esto a todo el mundo.

¿Qué te estás diciendo últimamente? ¿Cuál es ese pensamiento que anda dando vueltas alrededor de tu mente?

Otro de los pensamientos es "la recompensa divina". Este pensamiento implica: me sacrifico y trabajo hasta quedar extenuada, porque pienso que en algún momento alguien me va a dar la recompensa. Hay muchas personas que tienen arraigado en sus mentes este concepto.

Algún día alguien me devolverá todo lo que hice. El hecho es que si queremos hacer algo debemos hacerlo porque queremos hacerlo, sin esperar recompensa. Más allá de que la recompensa pueda venir, hagamos las cosas porque queremos hacerlas, no para recibir premios o reconocimientos –si no te vas a ver muy frustrada si alguien no te devuelve lo que imaginaste–, porque en definitiva, lo que estás haciendo es moneda de intercambio. Yo te doy para que me des algo en contrapartida.

¿Qué te estás diciendo últimamente? ¿Cuál es ese pensamiento que anda dando vueltas alrededor de tu mente?

¿Cómo sanamos esta manera de pensar? Con algo muy breve, muy práctico. Tienes que hacerle preguntas todo el tiempo a tu manera de pensar y de ver la vida, ponerte a charlar contigo misma.

¿Cuál es el pensamiento que no te sirve pero que te sigues repitiendo por costumbre? Piensa qué cosas te dices:

- ¿Te beneficia decirte eso?
- ¿Cuál es el sentido de que te hables mal, de que te digas cosas negativas todo el tiempo: *no lo voy a lograr, no voy a poder hacerlo, a mí no me va a ir bien*?
- Chequea siempre tu pensamiento y ponle resistencia a lo que no te hace bien.
- Empieza a preguntarte cosas que cuestionen tu pensamiento negativo, tu pensamiento erróneo. *¿Puedo probar lo que estoy diciendo? ¿O estoy tratando de adivinar lo negativo que va a venir sobre mi vida?* Hay personas a las que les gusta hablar mal de sí mismas, les encanta decirles a los demás todo lo malo que tienen. Es su deporte favorito.

Pregúntate, si eso se lo escucharas decir a otra persona, ¿qué le dirías? ¿Por qué no te lo dices a ti misma? ¿Por qué te cuesta tanto hacerlo contigo y es tan fácil hacerlo con los demás? Porque hay un pensamiento erróneo que te dice: *a los demás les va bien y a mí siempre me va mal.* Pregúntate: *¿Qué gano pensando esto?*

Tal vez esta forma de enfrentar la vida, o de sentir y de pensar, la aprendiste de ver a tus padres; por eso, cuando llega el momento en que tienes que hablar bien, no puedes… el hecho es que te resulta tan fácil hablarte mal que prefieres continuar haciéndolo. Pero para todo hay una solución y quisiera dejarte una clave para que comiences a ponerla en práctica.

- Aprende a darte auto-instrucciones, a enseñarte a ti misma.

Toda situación tiene tres fases:

a. lo que te dices antes,

b. lo que te dices en el momento en que la estás viviendo,

c. lo que te dices después de que has vivido las situaciones. Y aquí, en este punto, es donde tenemos que poner toda nuestra sabiduría y nuestra inteligencia.

Supongamos que vas a levantarte a la mañana y a ponerte un vestido porque tienes que asistir a una entrevista. Piensa: ¿Qué es lo que me digo antes de pasar por esta situación?

¿Qué piensas antes de ponerte un vestido? *¡Cómo comí anoche! ¡Con lo que comí, el vestido no me va a entrar, no me lucirá bien...* (ese es el pensamiento del antes). Así es como vas preparando tu mente para el pensamiento erróneo, en lugar de hacerlo para recibir al pensamiento correcto; en cierta forma, nos estamos predisponiendo a que las cosas nos salgan mal...

Por eso, querida mujer, ¡transformemos ese pensamiento en algo que te haga bien y que no te haga sentir culpable de pensar bien! Y cuando ese buen pensamiento venga, lo aceptes en tu mente y lo recibas, las mejores cosas llegarán a tu vida. Estarás atrayendo lo mejor porque estás pensando lo mejor.

Así es como en cientos de oportunidades que enfrentamos a diario, en el durante y en el después, nos disponemos a vivir la vida desde el lugar de una perdedora, y obviamente que al sentirnos de esta forma, todas nuestras emociones estarán frente a un altibajo constante. Si desde la mañana te predispones a lo peor, seguramente cuando salgas a la calle te sentirás la peor mujer del mundo. La clave es empezar a darte permiso para recibir el buen pensamiento. *¿Puedo pensar esta situación de otra manera?* Es básico y hay que practicarlo.

¿Puedo pensar de otra manera? ¿Por qué estoy pensando así? Me tengo que poner un vestido porque debo ir a un lugar. Me levanto y digo: *Ayer a la noche comí mucho. Me parece que me pasé un poco con la comida.* Ese es el antes.

En el momento que me pongo el vestido digo: *Sí, se nota que me pasé al comer, pero seguramente estoy hinchada, no engordé.* ¿Qué pasa con la hinchazón? Lo que se hincha se deshincha. Y si esa es una ley natural, se aplicará a ti también. La hinchazón se irá.

Y el después es: *En estos días voy a tratar de cuidarme, de no pasarme de nuevo, porque sé que si estoy hinchada y me deshincho, me voy a poder poner ese vestido.* No se trata de negar una situación sino de darnos una oportunidad. Date nuevas oportunidades cada mañana.

La clave es empezar a darte permiso para recibir
el buen pensamiento.
¿Puedo pensar esta situación de otra manera?

Una oportunidad. Revisa tu pensamiento, porque pensamos por pensar y lo hacemos automáticamente, sin revisar lo que nos decimos. Lo más importante es el respeto con el que te tratas a ti misma, porque si sabes respetarte, no te será difícil respetar a los demás. Pero si no te consideras ni estimas, será muy difícil que puedas respetar a otros. Y que los otros te respeten a ti.

¿Cuál es el pensamiento con el que vas a enfrentar cada una de tus situaciones en la vida? Tienes que ir preparada y pensar bien.

Nuestra mente tiene que ser de expansión. Al mirar una empresa que tiene sus propios edificios de diez, veinte o más pisos, pensamos: *¿Cómo hicieron para comprar este edificio y yo no puedo adquirir ni un apartamento de dos habitaciones?*

En primer lugar, rechaza los pensamientos de limitación, de escasez, porque ellos harán que tus emociones te hagan sentir una perdedora. Comienza a pensar en grande, en un edificio completo. Si tu mente piensa lo mejor, tus emociones te harán sentir que estás capacitada para ganar y para alcanzar todo lo que te propongas. Cuando comiences a pensar que te mereces el éxito, que hay una semilla dentro de ti, que tiene que ver con que las cosas te empiecen a salir bien, y que hasta ahora no usaste, rechazarás cada pensamiento y cada emoción que te hablen de derrota, de frustración y de desgano.

Lo mejor está destinado para ti. Acéptalo, dale un buen recibimiento. Atrévete a pensar bien, a respetarte. Atrévete a cambiar los conceptos erróneos.

Hay una semilla y hay un vientre preparado para que cuando se junten den a luz los grandes sueños.

Si tu mente piensa lo mejor, tus emociones te harán sentir que estás capacitada para ganar y para alcanzar todo lo que te propongas.

CAPÍTULO

VI

Nadie quiere estar conmigo

1. Me ven y se escapan

En algunas oportunidades, nuestras emociones están tan manipuladas, estamos tan *bajoneadas*, con ganas de "nada", que hasta nuestro perro nos mira y prefiere alejarse para no contagiarse de nuestro mal humor. Estamos un tiempo bien, tres horas mal; durante un minuto estamos súper motivadas, y al minuto siguiente no creemos en nada ni en nadie.

El hecho es que cuando una persona da lástima siempre, tarde o temprano, provoca el rechazo de todo el mundo. Necesitamos aprender a proveernos de aquello que necesitamos, aprender a pedir lo que necesitamos. Un mendigo pide, pide y siempre pide poco, porque no se atreve a pedir más. El mendigo pide pero lamentablemente después de que alguien le da –porque siempre alguien lo hace– queda en el mismo estado. La persona o su condición no cambian. Vuelve al estado de mendicidad, a dar lástima para volver a hacer lo mismo, para pedir otra vez, para que le vuelvan a dar y retornar al mismo estado.

Hay personas que ya tienen en su vocabulario el mensaje exacto para pedir, el argumento que piensa que movilizará al otro a dar. Pedimos amor, dinero, comprensión, un oído dispuesto las veinticuatro horas del día. Sin embargo, mientras dependamos de la ayuda y del sostén externo nuestras emociones dependerán de lo que los otros estén dispuestos a darnos.

Si un hijo se ha colocado en la posición de mendigo, siempre pide, pide… y le das, le das, pero queda en la misma situación; no progresa, no le va bien en la escuela, no quiere estudiar, no quiere trabajar, siempre está en la misma condición. Y continuamente tienes que resolverle los problemas… se ha convertido en un mendigo. Y si le sigues dando y solucionando, va a quedar como un mendigo y nunca va a alcanzar su bendición.

En el proceso de crisis, podemos adoptar tres posturas:

Primero: resignación

Resignarme es: *Esta es la vida que me tocó en suerte. Tengo que vivir de esta manera. Me conformo, no me queda otra.*

Muchas personas no saben para qué han nacido. No conocen el propósito de su vida, su destino, sus capacidades y las herramientas que poseen para alcanzar dicho propósito. Sin un sentido, se vuelven personas resignadas a vivir lo que la vida les depare sin luchar por sus sueños.

Segundo: espera

Hay personas que esperan. Es la gente que dice: *Algún día las cosas saldrán bien, alguien me ayudará, me comprenderá, me entenderá, me dará lo que necesito, alguna vez.* Y viven esperando toda la vida, esperando que el príncipe venga a rescatarlas, o recibir una herencia para comprarse su casa. El pensamiento mágico es: *Algún día alguien vendrá a salvarme, me sacará de este estado, como le pasó a Cenicienta, y me dará la vida que quiero.* Tenemos tan arraigado este concepto que nos manejamos de esta forma inconscientemente.

Tercero: provocación

Hay personas que son provocadoras. Son las que no esperan, las que provocan a la vida para que empiecen a sucederles cosas. Sé una persona que provoca para que en la vida te pasen cosas. Ponle resistencia a la vida. Si lo único que te alegra es cobrar el sueldo a fin de mes, o que a fin de año tengas quince días de vacaciones, no le estás poniendo resistencia a la vida y tu existencia se vuelve aburrida. Desarrolla una actitud provocadora. Cuando lo causes, todo lo demás se moverá a tu favor.

Provoca que algo nuevo te suceda y tu fe crecerá junto con los resultados. Piensa en cuál es tu medida de fe para crecer. La fe tiene en sí la habilidad de crecer. Si sabes cómo tratar tu fe, cómo hacerla trabajar, toda tu vida cambiará, y tus emociones te ayudarán a sostener tus sueños.

Cuando la fe crece, cuando ponemos a trabajar la fe, las cosas comienzan a suceder. Al hacerlo, te transformarás en una persona ilimitada. El que tiene fe puede asumir cualquier riesgo, porque sabe que todo lo que se propone lo logrará con su accionar y con esa fe que lo ayuda a traspasar las circunstancias.

Nuestro pasado positivo es el que nos da fuerzas para seguir adelante. Cuando dices: *Logré esto*, y le pones nombre, ese mismo éxito te dará la fuerza para emprender algo nuevo.

Sé una persona que provoca para que en la vida
te pasen cosas.

Haber pasado por todas las etapas es la base de saber que eres capaz de llegar hasta el final. Fuiste al jardín de infantes, entraste a la escuela primaria, luego a la secundaria y al llegar allí dices: *¿Por qué no la universidad?* Son tus logros positivos del pasado los que te moverán hacia lo nuevo.

La gente de fe atrae las mejores bendiciones a su vida. La fe te hace ser una persona segura y más bendecida.

Cuando nuestras emociones están equiparadas a nuestro propósito, nos movemos correctamente, sin dudar. El que pide con fe recibe lo que ha pedido. ¿Cómo lograr recibir lo que pides? No dudando nada. No se trata de qué pides, sino de cómo lo pides.

Observa cómo pides. Si pides como una mendiga la gente huirá de tu lado. Pero si pides con fe, todo lo que pidas tendrá un final exitoso.

Haz crecer tu fe. No aceptes un no, no aceptes una renuncia.

En los momentos más duros de tu vida Dios está haciendo crecer tu fe, te está haciendo una persona sin límites, más segura. Por eso, ¡pon resistencia!

Todo lo que hagas te va a salir bien. La fe se ve. Se nota en tu cara, en tus movimientos, en tus palabras. La fe se ve y a todos les gusta estar al lado de gente de fe.

La fe se ve. Se nota en tu cara, en tus movimientos, en tus palabras.

Por eso, querida mujer, determínate en este tiempo a hacer algo. No dejes que la vida te arrastre. ¿Cómo quieres que sea tu vida? ¿Tienes un plan o esperas que los demás lo escriban? Esfuérzate. Si tenemos que pasar por incomodidades para lograr nuestro sueño, las pasaremos, pero lograremos alcanzar nuestro sueño. Si tienes que soportar algo, hazlo, ¡tienes el poder para hacerlo!

Sé diferente. Aunque nadie lo haga, hazlo, maravíllate de todo lo que eres capaz de hacer. Los recursos están dentro de ti. Desafíate internamente todos los días a ver cosas nuevas. Descubre nuevos rumbos. Haz crecer tu fe, ponla a prueba.

Tu vida habla de tu fe, tu movimiento habla de tu fe, lo que haces habla de tu fe, tus emociones hablan de tu fe. No estás siguiendo el sueño de otras personas; estás siguiendo el sueño que Dios te dio y estás poniendo todo tu ser para que ese sueño se haga realidad.

CAPÍTULO

VII

Esta gente me está volviendo loca

1. Esto no da para más

Todos seguramente tenemos o tuvimos un conflicto con alguien y, mientras tratábamos de poder encontrarle una solución al mismo, nuestras emociones fueron vapuleadas.

Ante una disputa nos volvemos inestables, es como si nuestro humor cambiara y no fuésemos los mismos. Tal vez el problema es muy grande, o tal vez no sea demasiado importante pero es un conflicto y, como tal, hace que nuestras emociones se vean afectadas si les damos permiso. Las relaciones interpersonales están llenas de conflictos: madre-hija, padre-hijo, abuela-nieto, jefe-empleado, maestro-alumno, esposo-esposa, novios, etc.

Los conflictos que a diario solemos tener con nuestros pares, amigos, familiares, compañeros de trabajo, nos generan en la mayoría de los casos una pelea. Es como una batalla, porque dos o más personas que quieren cosas diferentes, que piensan cosas diferentes, que tienen otros códigos de vida, éticos o morales, distintos puntos de vista, creencias diferentes, se enfrentan. Cuando nos encontramos con la otra persona, queremos que esa relación funcione. Sin embargo, al juntarnos y tener que llegar a un acuerdo, los conflictos comienzan a aparecer.

Los seres humanos generalmente solemos resolver el conflicto con otra persona de distintas formas. Hay gente que lo que hace es evadir. Es decir:

evitan la confrontación. Por ejemplo, no hablan, cierran la boca, dicen: *Mejor lo dejo para más adelante*, encerrando así todo lo que van sintiendo dentro de sus emociones. Sin embargo, si haces esto pierdes de vista o ignoras tus propias necesidades. Te pospones a ti misma con tal de que esa relación funcione. *Yo prefiero hacer silencio*, dice quien actúa así.

Otra de las maneras de resolver un conflicto interpersonal es reaccionando agresivamente. Es la persona que explota; o sea, ante la primera señal de conflicto, ataca. Cuando ve un pequeño problema ya desde el inicio ataca, le grita al otro, se enoja, lo mandonea o lo ningunea, sacándose así toda la *bronca*. El otro se transforma en el blanco o en el foco de su ataque. Son aquellas personas que no pueden dejar pasar nada por alto. Dicen: *A mí no se me pasa una, se lo tengo que decir...*, y no se guardan nada.

Y existe también otro grupo de personas que actúan en forma impredecible. A veces se guardan todo, a veces explotan en un ataque de ira, a veces dicen mucho, a veces no dicen nada.

Cuando guardas, guardas y guardas… en algún momento explotas. Así es como pasas otro año más guardando un montón de cosas. El gran problema es que los demás no saben cómo vas a reaccionar, te tienen miedo porque dicen: *Yo no sé, un día está bien y otro día está mal. Un día una cosa le parece mal y al otro día esa misma cosa le parece bien.* Y ni tú misma sabes cómo vas a reaccionar porque dices: *A esta altura no sé qué me puede pasar, no sé cómo reaccionaría frente a esto; si el día fue tranquilo reacciono bien, si el día estuvo nublado, reacciono mal.*

Cuando guardas, guardas y guardas... en algún momento explotas.

Estas son las tres maneras que tenemos para resolver los conflictos. Sin embargo, esta forma de reaccionar o de responder no es la mejor. El conflicto se origina porque usamos tres ingredientes que en lugar de ayudar a resolver la situación, crean más problemas en esa relación.

Veamos algunos de ellos:

El primer ingrediente: la negación

Negación es: *Yo entiendo que me relaciono con el otro y no hay problemas en esta relación. Yo no veo dificultades, no veo que es alcohólico, no veo que me miente, no veo que ella es una mujer manipuladora, no veo que tiene problemas con su sexualidad, no lo veo.* Lo que haces es negar, porque quieres que esa relación continúe. *Apenas me doy cuenta de que puede haber un peligro, lo tapo, porque necesito sí o sí que esa relación funcione.*

Muchas veces consciente, y otras inconscientemente, ignoramos lo que sucede, no damos crédito a las señales negando así que exista un peligro real.

Te voy a contar un cuento:

En una oportunidad, la ratita se enamoró del gato. Imagínate, una rata enamorándose de un gato. Tal fue su enamoramiento que esta ratita se casó con el gato. Y el gato terminó comiéndosela... porque los gatos comen ratas.

¿Por qué la rata se enamoró justamente del gato? Porque negó que era gato y pensó que nunca la iba a comer. Pero hay gatos que actúan como gatos. Y es su naturaleza comer ratas.

Y a las mujeres suele sucedernos lo mismo. Negamos ciertas cosas, el mal carácter que esa persona pueda tener, sus deudas, sus peores defectos. Estamos tan desesperadas por hacer ese negocio que negamos que esa persona pueda tener problemas económicos, deudas, enfermedades. Negamos nuestras emociones frente a los demás. Negamos que cada vez que me veo con esa persona me siento muy intranquila, que cada vez que me tengo que encontrar con esa persona siento una ansiedad que no puedo explicar, porque hay algo en un punto que no termina de convencerme. Negamos esas emociones para que la relación funcione sí o sí, y eso, más adelante, traerá consecuencias. Negar no quiere decir que el problema desaparezca por arte de magia. En algún momento, vas a abrir tus ojos y aquello que hasta ese instante estuviste negando se plantará delante de tus narices y el roce o conflicto comenzará. Frente a esto dirás: *¿Cómo no me di cuenta antes?* Seguramente te diste cuenta antes, pero lo negaste.

> Negar no quiere decir que el problema desaparezca
> por arte de magia.

El segundo ingrediente: el engaño

Engaño es crear una vida irreal, una realidad alternativa. Significa que me relaciono con el otro y el otro me cuenta una historia de vida que no es la verdadera o yo misma me fabrico una vida que no es mi vida verdadera. Por ejemplo, leía sobre una mujer que se enamoró de un hombre. Él la llevaba en el mejor auto, iban a comer a los mejores lugares, pero nunca la invitaba a su casa y siempre se quedaban en la casa de ella. Ella se empezó a preocupar, se preguntaba por qué nunca la llevaba a su casa. El hecho es que la mujer se animó y le hizo a su pareja esa pregunta. A lo que él respondió: "No te invito porque no estoy viviendo en mi casa, sino en un departamento. Tengo un hermano que tiene muchos problemas y lo estoy acompañando".

Al poco tiempo, de un día para el otro, este hombre desapareció. Ella intentó llamar a la policía para buscarlo. Ese mismo día recibió un correo de él que decía que estaba en tal ciudad. Y entonces le contó la verdad. El hombre tenía deudas por todas partes. Había gastado sin tener trabajo ni dinero y no la llevaba a la casa y había inventado la historia del hermano… justamente porque no tenía casa. Este hombre inventó una vida imaginaria para que la relación con esa mujer funcionara.

Y hay muchas personas que hacen eso, inventarse una vida que no tienen, un título que no tienen, el dinero que no tienen, el negocio que no tienen, con tal de que una relación funcione. Pero nuestra vida es real, no necesitamos inventarnos otra ni copiar a nadie.

El tercer ingrediente: la culpa

Culpamos al otro o nos culpamos a nosotros mismos porque esa relación no funciona. Cuando vivimos echando o echándonos culpas, nunca asumimos una responsabilidad, y si no asumo la responsabilidad de lo que está pasando en mi vida, nunca voy a tener una relación. Si decimos: *Tengo culpa, con mi dolor, mi angustia, pobre de mí...*, no buscamos una respuesta, ya estamos pagando la culpa con nuestro dolor. Y en la vida no tenemos que tener culpa sino asumir responsabilidades. La culpa no sirve. Necesitamos asumir la responsabilidad de aquello que no funciona y hacernos cargo de nuestra parte. Para que una relación funcione tiene que haber dos responsables.

Si no asumo la responsabilidad de lo que está pasando en mi vida, nunca voy a tener una relación.

Los tres elementos son:

- negar,
- mentir,
- inventarse una historia o culpar.

Estas tres acciones a lo único que conducen es a que las relaciones se quiebren y se rompan sin buscar un punto de entendimiento, de negociación para poder evaluar si vale la pena resolver aquello que nos está sucediendo y nos está lastimando. Muchas veces nuestro corazón y nuestra mente se convierten en una cueva de ladrones. Dentro de nuestra cabeza negociamos con nosotros mismos, negociamos mal y terminamos estafándonos.

Cuando quiero mantener una relación a cualquier precio, cuando tengo que mentir para que esa relación perdure, cuando tengo que negar el problema del otro con tal de que esa relación funcione, cuando tengo que soportar un montón de cosas de la otra persona con tal de que esa relación se mantenga, estoy convirtiendo mi vida en una cueva de ladrones, estoy negociando mal, y la que pierdo soy yo.

2. Encontrando una solución

Para dejar atrás esta situación y encontrarle una salida necesito dejar de hacer todo lo posible para sentirme más deseable. No tengo que tratar de fingir ser otra persona para lograr tener otra relación. ¡Seamos honestos con nosotros mismos!

Si tienes problemas en una relación investiga si estás negando algo. Esta pregunta debemos hacerla en todo tipo de relación interpersonal que tengamos y que nos interese que funcione, con nuestra pareja, nuestra familia, nuestros hijos, hasta con nuestro jefe. Te hablo de cualquier tipo de relación, con tu empleado, con tus compañeros, con tus superiores. Pregúntate si hay algo a lo que estás escapando y estás postergándolo para más adelante. Finalmente, todo lo que tapamos terminará contaminando la relación y esto, tarde o temprano, traerá problemas.

La gran pregunta a hacernos es: *¿Quiero mantener al otro satisfecho a costa mía, quiero que el otro esté bien con tal de tener esta relación y que esta persona no se vaya de mi lado? ¿Niego que mi hijo sea un irresponsable y lo estoy cubriendo todo el tiempo, y en realidad el gran problema de mi hijo es que es muy irresponsable?*

Investigar, tomar una decisión lleva tiempo. Reconocer una verdad que el otro estaba ocultando requerirá poner en marcha algo que tal vez no quiero hacer; por ende, prefiero negar lo que pasa. Pero ten en cuenta que si niegas la crisis, cuando el agua llegue al río esta será mucho más grande.

Otra pregunta a hacernos es: *¿Estoy viviendo mi realidad y el otro me está contando la verdad o estoy viviendo y compartiéndole una fantasía?*

Muchas veces nosotras mismas inventamos un mundo de fantasía y ese cuento que creamos se lo presentamos al otro como la realidad de nuestra vida. En muchas relaciones de pareja al comienzo solemos mostrarnos independientes y libres, pero mientras van pasando las semanas la demanda aumenta y la relación termina asfixiando a ambos.

La tercera pregunta a hacernos es: *¿Vivo culpándome por esa relación que no funciona o diciéndole al otro lo que tiene que hacer, o culpo siempre a los demás, hago que el culpable sea el otro, que la carga esté en el otro? ¿O vivo culpándome a mí misma y ninguno de los dos asumimos la responsabilidad de que la relación no está funcionando?*

Para relacionarnos con el otro, para que esa relación con el otro funcione y sea sana, necesitamos lo siguiente:

En primer lugar, tanto tú como el otro tienen que ser personas independientes en el área económica. Y esto es fundamental si te vas a relacionar con la otra persona. No podemos relacionarnos con alguien que todavía vive del dinero que le dan los padres si aspiramos a tener una relación seria. Para que una relación funcione, ambos tienen que tener independencia financiera.

En segundo lugar, los dos deben estar disponibles emocionalmente. Esto significa que ambos pueden hacerse cargo de asumir compromisos. No es que yo asumo toda la responsabilidad, todo el compromiso, y tú no. Si van a tener una relación que perdure en el tiempo, son independientes económicamente y están preparados para hacerse responsables, deben asumir que van a tener una relación donde los dos estén disponibles emocionalmente, y se hagan cargo de eso.

En tercer lugar, en caso de que sea una relación de pareja, necesitamos estar disponibles físicamente; si alguno de los dos está comprometido con otra persona, eso no nos sirve.

Para que una relación funcione,
ambos tienen que tener independencia financiera.

Quizás hay un momento en que hay que decir: "¡Basta!". Una persona madura tiene incorporado dentro de su vida el "basta" y el "vamos". De acuerdo a nuestros "basta" y nuestros "vamos", sabremos si somos o no personas maduras.

Basta a esto que me perjudica...
Basta a esta comida que me hace mal...
Basta a este sobrepeso que me está matando...
Basta de esta relación que me llevó a la ruina...

El "basta" no tiene que venir del afuera. No es que alguien externo a nosotros sea quien debe decirlo; una persona madura es una persona que ha salido de esa etapa, y que sabe asimismo ponerse un "basta".

Y, en segundo lugar, los "vamos". Hacia dónde voy, qué quiero hacer, cuáles son los desafíos que me he propuesto. Los otros no tienen que empujarnos ni motivarnos a accionar, ni ser nuestra agenda:

Recuerda que tenemos que ir a tal lugar...
Recuerda que tienes que trabajar...
Recuerda que tienes que levantarte a las siete de la mañana...

¡No! El "vamos" lo tengo incorporado en mi interior. "Basta" y "vamos".

Cada vez que incorporas tus "basta" y tus "vamos", eres una persona madura.

Tus proyectos, tus metas, tus sueños, dependen de ti. Es uno mismo el que tiene que darle fuerza y vida a cada proyecto. Son tus fuerzas, tu valor, tu amor, tu pasión, tu coraje, tu entusiasmo... y si el otro te acompaña ¡adelante! El mejor secreto para llevarse bien con otra persona es quitarle el poder que le hemos entregado. No es que tiene poder, es que le hemos entregado un poder. Yo le entrego el poder de hacerme feliz, el poder de amarme, el poder de darme dinero. Le entrego el poder de cumplir mi sueño.

Por todo esto es que no podemos depender de él. El poder no está en el otro, el poder está en mi interior, en mi espíritu, en mi corazón.

El mejor secreto para llevarse bien con otra persona
es quitarle el poder que le hemos entregado.

Dios te creó con un gran proyecto. Hacerlo con otro es lo mejor que te puede pasar, pero si el otro no llega a estar, tienes a Dios para hacer los proyectos; aunque el otro no esté, Dios te seguirá sosteniendo. Mientras tengas tu "basta" y tu "vamos" y le digas al Señor: "vamos adelante", no importa quién te acompañe, sigue adelante, no te detengas, porque Tu Creador te está sosteniendo de la mano.

Tu proyecto está ligado a Dios, no a la gente; las personas vendrán y se irán, pero Dios permanecerá para siempre a tu lado.

Cada vez que entres en una relación interpersonal de cualquier tipo, mira a la otra persona y haz un ejercicio. Imagina que arriba de la cabeza tiene esta frase: "Cuida de ti siempre". Mírala en el otro mientras te está hablando, lee esta frase, que cuide de ti. Es más importante cuidar de ti que cuidar la relación, porque si cuidas de ti vas a ser una persona íntegra, que no está dividida eternamente, que no se deja engañar por otro y que no necesita mentirle al otro, por eso cuida de ti siempre.

La base de tu vida eres tú misma. El otro puede acompañarte, pero si no está o no te sirve tu vida continúa. Cuando estés en control de vida estarás también en control de tus emociones, porque el poder que necesitas para llevar a cabo tu vida es tuyo y nació contigo misma. ¡Consérvalo!

CAPÍTULO

VIII

Cómo salir del desierto

Me siento agobiada, mi cabeza no para de pensar

¿Te sientes cansada y agobiada, con preocupaciones constantes que parece que no puedes terminar de resolver nunca? ¿Sientes que estás en medio de un desierto y que no llegas nunca a destino?

Quizás estás pasando por un desierto a raíz de un error que has cometido. Tal vez cometiste un error, hiciste un mal negocio, invertiste mal el dinero, te equivocaste al elegir una pareja o al tratar con tus hijos y hoy estás pasando por un desierto. Estás ahí y no sabes cómo salir. Pero también puedes estar pasando por un desierto porque estás transitando el camino hacia el éxito, hacia algo bueno. Muchas veces para conseguir lo bueno primero pasamos por un desierto. Por ejemplo, quieres hacer un negocio, no tienes finanzas y eso para ti es un desierto. Quieres llegar al éxito, sabes que es tu destino, pero no puedes llegar todavía porque estás en el desierto económico, o estás en el desierto emocional, porque estás buscando pareja pero todavía no has conocido a la adecuada. Eso no es un error. A todos nos pasa. Cuando queremos llegar a un lugar primero atravesamos un desierto en algún área de nuestra vida, hasta que salimos, y llegamos al éxito.

Tal vez estés en un desierto por una injusticia que cometieron con tu vida y estás pagando algo que no tendrías que pagar y eso hace que vivas en una desolación, pero sea por una cosa o por otra, Dios va a trabajar en medio del desierto en tu corazón. Allí trabaja a solas contigo, en privado, en aquello que no te gustaría que se expusiera porque sabes que es tu lucha interna. Dios te está formando para que resistas lo que sea.

Cuando queremos llegar a un lugar primero atravesamos un desierto en algún área de nuestra vida, hasta que salimos, y llegamos al éxito.

No todo el mundo sale bien del desierto. Hay gente que no sale moldeada. Otros salen con mucha angustia y otros hasta salen agrandados, pasaron por un desierto y fue peor. Hay gente que sale muy confundida. La pregunta a hacernos sería: *¿Cómo se sale de ese desierto exitosamente?*

En paz, con un corazón sano…

Hay dos cosas que puedes hacer en el desierto. Allí, no tenemos demasiadas oportunidades ni herramientas, ni nada para usar. Pero hay dos posibilidades que puedes utilizar y si las usas bien, vas a salir de ese desierto con tu corazón sano.

Primera actitud: desarrollar la capacidad de motivarme

Aprende a motivarte. ¿Qué te motiva? ¿Qué te apasiona? ¿Qué te hace bien? Cuando estás "cajoneada", deprimida, ¿estás esperando siempre que alguien te motive? ¿O te conoces tanto que sabes lo que te hace bien? Si conoces lo que te levanta de la cama todos los días, aquello que puede arrancar esa depresión, el llanto, la angustia diaria, podrás salir del desierto con el corazón sano.

¿Te conoces? Esa es la pregunta. ¿O estás siempre esperando todo de los otros? No siempre los demás estarán para levantarnos, por eso necesitamos aprender a motivarnos, a funcionar solos para hacernos cargo de nuestra propia vida, a incentivarnos internamente. ¿Qué te motiva? ¿Qué te hace bien? Cuando lo sepamos no necesitaremos de la asistencia permanente de nadie.

Muchas veces, "los otros" utilizarán nuestra debilidad para manipularnos a través de ello. No nos dejemos manejar. Por eso no hay nada mejor que motivarnos a nosotros mismos.

No nos dejemos manejar. Por eso no hay nada mejor que motivarnos a nosotros mismos.

Segundo: total dependencia de Dios

Y esto es fundamental si estás en el desierto: total dependencia de Dios. Porque en el desierto no hay nadie. Los que antes te ayudaban tal vez ahora no te ayuden, tienes que depender de Dios. ¿Qué significa? Comprometer a Dios con tu problema, es hacer de tu problema el problema de Dios. Es decir: Él es el principal motivo de mi vida.

¿Eres una persona controladora? ¿Quieres controlar todo aun en medio del desierto cuando ni siquiera tienes un instrumento, herramientas para controlar? Porque ahí no hay nada. Puedes continuar controlando o pedirle a Dios que se meta en medio de tu problema y dejárselo en sus manos.

Estar en el desierto te doblega, es verdad. La pasas mal porque no tienes abundancia de nada, pero nunca se cancela tu sueño. Nunca el desierto por el que estés pasando va a cancelar el gran sueño que Dios te dio. Si perseveras, pisarás tierra firme.

Si perseveras, pisarás tierra firme.

CAPÍTULO

IX

Me lo merezco...

...amente externos, pero nos hemos olvidado de
...ternos:

...r una mente en paz
...bien con nosotras mismas
...o cuerpo
...o estamos solas

...muchas veces hacemos es confundir
...er con distracciones externas.

...uestra vida ya no hay lugar para este tipo de placeres
...que intentamos tapar eso que no podemos tomar ni
...e divertirnos con placeres externos. Hoy la sociedad
...ujer feliz si tienes muchos placeres externos*, olvidándose
...manentemente felices, debemos apuntar a los placeres
...que necesitamos conocernos bien interiormente y, al
...terrar aquellas enseñanzas falsas que nos marcaron con
...Analicemos dos de ellas sumamente importantes:

...el concepto de que para ser feliz tienes que sufrir.
...logra a través del sufrimiento. Hay una teoría que tenían
...uestros abuelos, que decía: "Si yo castigo a mis hijos, ellos
...an a actuar como yo quiero". Es decir, que el castigo y la
...an usados como motivadores. Si te comías las uñas, ¿qué
...n pimienta en los dedos, algo negativo que, supuestamente
...go positivo, "que no te comieras más las uñas".
...tabas mal te retiraban el saludo, el abrazo, el cariño, el afecto,
...te encerraban en una habitación o te decían: "No hay postre
...ste mal"; para que, quitándote el placer, comprendieras que
...bien. En resumen: te quitaban lo bueno pero te daban lo malo.

1. ¿Sentir placer es mala palabra?

¿Sentiste alguna vez que todo te cuesta el doble? ¿O que todo es una carga, que quieres algo y no lo consigues? ¿O sientes que a todos les va bien menos a ti... y que aunque remes y remes cada situación, no obtienes lo que quieres?

No lograr el éxito –"placer"– en lo que estamos haciendo nos agota un poco cada día. Sin darnos cuenta de la real importancia que tienen las palabras hemos elegido la palabra "obligación" a cambio de "placer". Y olvidamos que cuando el placer no tiene lugar en nuestra agenda, nuestro cuerpo en su totalidad, se debilita.

Sentimos que estamos cansadas, que no podemos parar, y no es porque estemos a fin de año, sino que nos sentimos así durante todo el año. Cuando una persona necesita tomarse vacaciones, siente que no puede más, que está agotada, que ha perdido las fuerzas, hasta la imposibilidad de enfrentar las situaciones cotidianas más sencillas, es porque nada de lo que está haciendo le genera placer.

El hecho es que las mujeres necesitamos aprender a entrar en lo que se llama la "zona de placer". ¿Qué significa esto? Es tratar de enfocar toda nuestra atención en el hoy, en nuestro presente, en lo que vivimos diariamente y en lo que tenemos en nuestras manos, esa es la zona de placer.

Cada vez que eres capaz de enfocarte en el día de hoy, en el presente, comienzas a soltar una fuerza, una vitalidad y un optimismo, que tal vez estén guardados hace muchos años dentro de tu vida.

Hay mujeres que tienen dolores musculares, pánico, que padecen de fobias, porque en realidad, lo que tienen dentro es una vitalidad y una energía acumulada que no supieron soltar, o que tienen miedo de manifestar o que tienen prohibido liberar, ya sea interna o externamente, y es por ello que no se atreven a entrar en la zona de placer.

Y las mujeres somos propensas a dejar de lado el placer por la obligación en toda oportunidad y así es como sufrimos de un gran cansancio mental, emocional y físico. Tal vez físicamente podemos seguir adelante, trabajando como es habitual aunque seamos empujadas por alguien. Pero en lo psíquico –el cansancio mental, que consiste en pensar todo el tiempo y que la cabeza no se detenga un instante– estamos agotadas, y la situación nos agobia.

¿Por qué? Porque tenemos incorporadas ciertas leyes mentales que pareciera que nos obligan a hacer determinadas cosas; es decir: en nuestra mente hay reglas que nos imponemos y que queremos cumplir cueste lo que cueste. Tal vez nadie nos dijo que debíamos hacer eso, ni hacernos cargo de aquella situación, sin embargo, existe una ley en nuestro interior que nos obliga a hacerlo. Son las famosas frases: *Deberías hacer esto. Tengo que hacer aquello. Tengo que ir allá.* Y aunque no tenemos ganas lo terminamos haciendo igual porque la ley interna así nos lo impone.

En nuestra mente hay reglas que nos imponemos
y que queremos cumplir cueste lo que cueste.

La mayoría de las culturas –por no decir todas– han subvalorado el tema del placer. Sentir placer es visto como algo demoníaco o malo. Tal vez hayamos escuchado que sentir placer, vivir placenteramente, era pecaminoso y que el sufrimiento venía de Dios. ¡Qué locura! Pero esto es lo que ha pasado

Sin darse cuenta, muchas mujeres repiten con diferentes modelos esas mismas historias. Si alguna quiere castigar a su esposo por algo que la lastimó, dice: "Lo dejo sin sexo por una semana"; si su hijo no se comportó como ella esperaba, decide no abrazarlo ni demostrarle su afecto por un tiempo, olvidando que ella misma se está prohibiendo el momento de placer que dichos actos le brindan. Y seguimos dando lo negativo para obtener supuestamente algo positivo. Con esta actitud, ese castigo que le impones al otro, tarde o temprano también te lo estás otorgando a ti misma.

Si no puedes amarte, apreciarte y brindarte placer a ti misma, tampoco podrás entregarlo a los otros.

Lo negativo nunca da como resultado lo bueno.

Esta es una actitud muy común que tenemos las mujeres. Si esperamos algo del otro y nos lo da cuando queremos, nos volvemos frías, distantes, hasta físicamente inalcanzables.

Este es el concepto que nos enseñaron: *Lo bueno viene a través del dolor, del sufrimiento y de negarte el placer, de no darte cosas buenas.* Poco a poco vas dominando tus deseos, tus necesidades, y te vas poniendo una "armadura corporal" que te mantiene rígida y te hace sentir muy incómoda cuando sientes placer.

Lo negativo nunca da como resultado lo bueno.

Las mujeres solemos tenerle mucho miedo a las gratificaciones, las situaciones placenteras, porque creemos que si disfrutamos mucho, nos vamos a descontrolar, como a veces nos sucede con la comida. Te dices: *No voy a comer un trozo de ese chocolate, porque si lo hago no voy a poder parar hasta comérmelo todo.*

Miedo al placer... concepto de que la felicidad se logra a través del dolor y de la mentira. ¡Falso!

El segundo concepto es que la felicidad se logra solo cuando obtienes recompensas.

Es decir: *Si hago algo es para obtener una recompensa y nada más.* Si no obtengo recompensa no puedo ser feliz, y eso es una gran mentira, porque las mujeres tenemos que aprender a disfrutar de las experiencias de todo lo que hacemos.

La pregunta que nos tenemos que hacer es: *¿Qué es lo que a mí me hace bien y me gusta, aunque no me dé resultados externos?*

En primer lugar, para vivir cada día mejor, tengo que motivarme a través del placer y no del sufrimiento, aprender a motivarme por lo que me gusta, no por el dolor, ni por el sacrificio. ¿Qué te gusta? ¿Qué te inspira en la vida? ¿Qué es lo que te trae placer?

Tienes que hacerte todas estas preguntas:

¿Qué es lo que me motiva? ¿Qué es lo que me interesa? ¿Qué es lo que me trae ilusión?

Tenemos que explorar esa capacidad latente que todas tenemos de sentir más placer, de poder gratificarnos en la vida. Busca tu placer, porque a pesar de las circunstancias que atravieses, el placer sigue estando en tu interior.

Queridas mujeres: tenemos que comenzar a explotar la capacidad de alegrarnos, de regocijarnos, de darnos placer, de ser capaces de soltar el placer que llevamos dentro.

Tenemos que comenzar a explotar la capacidad de alegrarnos, de regocijarnos, de darnos placer.

En segundo lugar, necesitas expandirte.

¿Qué es expandirse? Cada vez que estás alegre, feliz, entusiasmada, ¿no quieres moverte? Acaso no dices: *Quiero salir del asiento y hacer algo.* Pareciera que tuvieras un extra de energía y de fuerzas; eso lo hace el placer.

El dolor te achica, pero el placer, te expande.

1. ¿Sentir placer es mala palabra?

¿Sentiste alguna vez que todo te cuesta el doble? ¿O que todo es una carga, que quieres algo y no lo consigues? ¿O sientes que a todos les va bien menos a ti... y que aunque remes y remes cada situación, no obtienes lo que quieres?

No lograr el éxito –"placer"– en lo que estamos haciendo nos agota un poco cada día. Sin darnos cuenta de la real importancia que tienen las palabras hemos elegido la palabra "obligación" a cambio de "placer". Y olvidamos que cuando el placer no tiene lugar en nuestra agenda, nuestro cuerpo en su totalidad, se debilita.

Sentimos que estamos cansadas, que no podemos parar, y no es porque estemos a fin de año, sino que nos sentimos así durante todo el año. Cuando una persona necesita tomarse vacaciones, siente que no puede más, que está agotada, que ha perdido las fuerzas, hasta la imposibilidad de enfrentar las situaciones cotidianas más sencillas, es porque nada de lo que está haciendo le genera placer.

El hecho es que las mujeres necesitamos aprender a entrar en lo que se llama la "zona de placer". ¿Qué significa esto? Es tratar de enfocar toda nuestra atención en el hoy, en nuestro presente, en lo que vivimos diariamente y en lo que tenemos en nuestras manos, esa es la zona de placer.

Cada vez que eres capaz de enfocarte en el día de hoy, en el presente, comienzas a soltar una fuerza, una vitalidad y un optimismo, que tal vez estén guardados hace muchos años dentro de tu vida.

Hay mujeres que tienen dolores musculares, pánico, que padecen de fobias, porque en realidad, lo que tienen dentro es una vitalidad y una energía acumulada que no supieron soltar, o que tienen miedo de manifestar o que tienen prohibido liberar, ya sea interna o externamente, y es por ello que no se atreven a entrar en la zona de placer.

Y las mujeres somos propensas a dejar de lado el placer por la obligación en toda oportunidad y así es como sufrimos de un gran cansancio mental, emocional y físico. Tal vez físicamente podemos seguir adelante, trabajando como es habitual aunque seamos empujadas por alguien. Pero en lo psíquico –el cansancio mental, que consiste en pensar todo el tiempo y que la cabeza no se detenga un instante– estamos agotadas, y la situación nos agobia.

¿Por qué? Porque tenemos incorporadas ciertas leyes mentales que pareciera que nos obligan a hacer determinadas cosas; es decir: en nuestra mente hay reglas que nos imponemos y que queremos cumplir cueste lo que cueste. Tal vez nadie nos dijo que debíamos hacer eso, ni hacernos cargo de aquella situación, sin embargo, existe una ley en nuestro interior que nos obliga a hacerlo. Son las famosas frases: *Deberías hacer esto. Tengo que hacer aquello. Tengo que ir allá.* Y aunque no tenemos ganas lo terminamos haciendo igual porque la ley interna así nos lo impone.

En nuestra mente hay reglas que nos imponemos
y que queremos cumplir cueste lo que cueste.

La mayoría de las culturas –por no decir todas– han subvalorado el tema del placer. Sentir placer es visto como algo demoníaco o malo. Tal vez hayamos escuchado que sentir placer, vivir placenteramente, era pecaminoso y que el sufrimiento venía de Dios. ¡Qué locura! Pero esto es lo que ha pasado en todas las sociedades, es por eso que nos cuesta tanto valorar y atesorar los momentos de placer.

Es mi deseo que al leer estas páginas puedas identificar cuál es esa ley interna que está en tu mente y te trae agobio, cansancio y no te permite disfrutar del placer y la paz que mereces. Tu propia ley interna es una presión que tú misma le sumas a la presión externa que recibes de tu entorno. Cada día, te impones acciones internas, como: estar bien para otra persona, hacer algo aunque no te lo pidan, llegar temprano a un lugar aunque a nadie le importe, etc. Y esa regla que crees que debes cumplir empieza a perjudicarte emocional, física e incluso espiritualmente.

Ante este estado emocional, deberíamos preguntarnos: *¿Cuál es el concepto que tengo de la vida, de la pareja, del trabajo, de la familia?* Cada vez que nos embarcamos en una idea, en un proyecto, estamos firmando un contrato que tiene condiciones; sin embargo, no siempre leemos las letras chiquititas de esos contratos. Por eso, cuando quieres que en la vida te vaya de otra manera, no olvides aquello que aceptaste firmar.

Hay mujeres que aceptaron firmar el contrato de que "a mí, en la vida, todo me va a costar el doble". Por diversos motivos, tienen ese concepto:

- *A mí me va a costar el doble porque no estudié.*
- *A mí me va a costar el doble porque soy fea.*
- *A mí me va a costar el doble porque no tengo dinero.*
- *A mí me va a costar el doble porque me abandonaron cuando era chiquita.*

Y con estos pensamientos en tu mente, sin darte cuenta, firmaste un contrato para que en la vida todo te cueste mucho más. Y hoy, ¿qué sucede?: que todo te cuesta el doble. Esto no es porque hay una maldición sobre tu vida, sino porque firmaste implícitamente un contrato, y ahora actúas sabiendo que todo te será sumamente difícil y arduo de conseguir. Porque tienes un contrato donde solo había obligaciones y deberes de tu parte, y el placer no tenía lugar.

Tal vez lo que muchas veces hacemos es confundir el placer con distracciones externas; como ser ir a una fiesta, a bailar, a tomar algo con alguien, ir al cine, festejar un cumpleaños, ir a ver una obra de teatro; eso está muy bien, son placeres supuestamente externos, pero nos hemos olvidado de disfrutar de los placeres internos:

- sentir placer por tener una mente en paz
- sentir placer por estar bien con nosotras mismas
- sentir paz con nuestro cuerpo
- sentirnos bien cuando estamos solas

Tal vez lo que muchas veces hacemos es confundir el placer con distracciones externas.

Pareciera que en nuestra vida ya no hay lugar para este tipo de placeres internos, y es por eso que intentamos tapar eso que no podemos tomar ni aprender, tratando de divertirnos con placeres externos. Hoy la sociedad nos dice: *Eres una mujer feliz si tienes muchos placeres externos*, olvidándose que para estar permanentemente felices, debemos apuntar a los placeres internos. Es por eso que necesitamos conocernos bien interiormente y, al mismo tiempo, desterrar aquellas enseñanzas falsas que nos marcaron con respecto al placer. Analicemos dos de ellas sumamente importantes:

La primera es el concepto de que para ser feliz tienes que sufrir.

La felicidad se logra a través del sufrimiento. Hay una teoría que tenían nuestros padres, nuestros abuelos, que decía: "Si yo castigo a mis hijos, ellos van a cambiar y van a actuar como yo quiero". Es decir, que el castigo y la manipulación eran usados como motivadores. Si te comías las uñas, ¿qué hacían? Te ponían pimienta en los dedos, algo negativo que, supuestamente iba a provocar algo positivo, "que no te comieras más las uñas".

Si te comportabas mal te retiraban el saludo, el abrazo, el cariño, el afecto, no te hablaban, te encerraban en una habitación o te decían: "No hay postre porque te portaste mal"; para que, quitándote el placer, comprendieras que debías portarte bien. En resumen: te quitaban lo bueno pero te daban lo malo.

Sin darse cuenta, muchas mujeres repiten con diferentes modelos esas mismas historias. Si alguna quiere castigar a su esposo por algo que la lastimó, dice: "Lo dejo sin sexo por una semana"; si su hijo no se comportó como ella esperaba, decide no abrazarlo ni demostrarle su afecto por un tiempo, olvidando que ella misma se está prohibiendo el momento de placer que dichos actos le brindan. Y seguimos dando lo negativo para obtener supuestamente algo positivo. Con esta actitud, ese castigo que le impones al otro, tarde o temprano también te lo estás otorgando a ti misma.

Si no puedes amarte, apreciarte y brindarte placer a ti misma, tampoco podrás entregarlo a los otros.

Lo negativo nunca da como resultado lo bueno.

Esta es una actitud muy común que tenemos las mujeres. Si esperamos algo del otro y nos lo da cuando queremos, nos volvemos frías, distantes, hasta físicamente inalcanzables.

Este es el concepto que nos enseñaron: *Lo bueno viene a través del dolor, del sufrimiento y de negarte el placer, de no darte cosas buenas.* Poco a poco vas dominando tus deseos, tus necesidades, y te vas poniendo una "armadura corporal" que te mantiene rígida y te hace sentir muy incómoda cuando sientes placer.

Lo negativo nunca da como resultado lo bueno.

Las mujeres solemos tenerle mucho miedo a las gratificaciones, las situaciones placenteras, porque creemos que si disfrutamos mucho, nos vamos a descontrolar, como a veces nos sucede con la comida. Te dices: *No voy a comer un trozo de ese chocolate, porque si lo hago no voy a poder parar hasta comérmelo todo.*

Miedo al placer... concepto de que la felicidad se logra a través del dolor y de la mentira. ¡Falso!

El segundo concepto es que la felicidad se logra solo cuando obtienes recompensas.

Es decir: *Si hago algo es para obtener una recompensa y nada más.* Si no obtengo recompensa no puedo ser feliz, y eso es una gran mentira, porque las mujeres tenemos que aprender a disfrutar de las experiencias de todo lo que hacemos.

La pregunta que nos tenemos que hacer es: *¿Qué es lo que a mí me hace bien y me gusta, aunque no me dé resultados externos?*

En primer lugar, para vivir cada día mejor, tengo que motivarme a través del placer y no del sufrimiento, aprender a motivarme por lo que me gusta, no por el dolor, ni por el sacrificio. ¿Qué te gusta? ¿Qué te inspira en la vida? ¿Qué es lo que te trae placer?

Tienes que hacerte todas estas preguntas:

¿Qué es lo que me motiva? ¿Qué es lo que me interesa? ¿Qué es lo que me trae ilusión?

Tenemos que explorar esa capacidad latente que todas tenemos de sentir más placer, de poder gratificarnos en la vida. Busca tu placer, porque a pesar de las circunstancias que atravieses, el placer sigue estando en tu interior.

Queridas mujeres: tenemos que comenzar a explotar la capacidad de alegrarnos, de regocijarnos, de darnos placer, de ser capaces de soltar el placer que llevamos dentro.

Tenemos que comenzar a explotar la capacidad
de alegrarnos, de regocijarnos, de darnos placer.

En segundo lugar, necesitas expandirte.

¿Qué es expandirse? Cada vez que estás alegre, feliz, entusiasmada, ¿no quieres moverte? Acaso no dices: *Quiero salir del asiento y hacer algo.* Pareciera que tuvieras un extra de energía y de fuerzas; eso lo hace el placer.

El dolor te achica, pero el placer, te expande.

El dolor hace que quieras esconderte dentro de ti misma, el placer te lleva al movimiento y a la acción. El dolor te aleja de la zona hacia donde tienes que ir; el placer, en cambio, es una indicación clara de la dirección a seguir.

Cada vez que te acercas a la zona de placer, en ese momento todo tu cuerpo, tu mente y tu espíritu se abren, se expanden, y es allí cuando comienzan a surgir las ideas creativas que necesitas para resolver aquello que te está afectando.

Sé sincera contigo misma sobre aquellas cosas que te traen placer y sobre cuáles no.

En tercer lugar, para sentir placer debes tener valor.

Si quieres ser feliz, tienes que ser una mujer osada emocionalmente.

¿Qué áreas de tu vida todavía te detienen? Tal vez no puedes decir "no"; no pudiste decirle a una persona lo que le querías decir, porque una y otra vez eliges por el otro y no por lo que tú realmente quieres hacer. Es por eso que el placer implica valor y riesgo: te hace decidir, es "tu" elección.

En cuarto lugar, haz disfrutar a tu cuerpo y a tu mente con cosas distintas, no siempre con una misma fuente.

Si el placer siempre lo obtengo de la misma raíz, ese placer terminará convirtiéndose en una adicción. Es por ello que necesitamos buscar distintas *fuentes* de placer. Tal vez tenemos una o dos actividades que nos generan placer y solemos ponerlas en marcha tantas veces seguidas, que las gastamos al máximo; llega un momento en que esa situación ya no nos gratifica, la agotamos, nos aburre.

Tenemos que aprender a participar de todos los placeres de la vida y arriesgarnos a hacer algo diferente. Intenta algo que no hiciste hasta ahora, busca amistades nuevas, integrar otros grupos, busca cosas distintas. Tú sabes cuáles son aquellas cosas que son sanas para tu vida y cuáles son las que te hacen mal.

Busca distintas fuentes de placer en todas las áreas de tu vida, en lo emocional, en lo intelectual, en lo físico...

Querida mujer: tenemos que aprender a sentir placer, a disfrutar de la dulzura de la vida, a reírnos y a divertirnos un poco más.

Y por último, grita un poco más...

Alguien dijo que para liberar emociones primero hay que pasarlas por la garganta. Por eso, tienes que gritar más…

Tenemos que empezar a cantar fuerte nuestra felicidad. Aprende a expresar que estás contenta, es bueno divertirse en la vida. Seguramente descubriste cómo cuidar a los demás, cómo ser responsable, de qué forma hacer las cosas para que tengan resultado, cómo ser perseverante, pero hoy es tiempo de que le encuentres el color del placer a la vida, y que la puedas disfrutar con todos los sentidos. Cuando lo hagas, y no lo niegues para ti, no se lo negarás a nadie. Regálate tú misma el placer de vivir una vida digna.

Tenemos que aprender a sentir placer, a disfrutar de la dulzura de la vida, a reírnos y a divertirnos un poco más.

Ahora que ya identificaste el placer, ¿te animas a revisar qué contrato firmaste?

Hay mujeres que dicen: *Yo no puedo salir de mi casa hasta que esté todo ordenado. Yo no puedo comprarme lo que deseo si antes no le compré el último modelo deportivo a mi hijo.*

¿Firmaste este tipo de contrato? Si así fue, ¿cómo hacemos para salir de la tensión producida por esas leyes internas que nos imponemos? ¿Cómo logramos que nuestra alma, que es el asiento de la voluntad y las emociones, descanse, y se aquiete nuestra mente?

Veamos tres claves para ser libres de las autoimposiciones que nos roban las ganas de vivir:

1. No tengo que ser tan complaciente

A las mujeres nos cuesta muchísimo decir que "no" cuando alguien nos pide algo. Solemos sentir vergüenza o culpa por decirle que "no" a nuestro marido, a hijos, jefe y amigas. Y al decir que "sí" todo el tiempo nos sumamos tareas extras que en realidad no deseamos hacer.

Pero tenemos que empezar a verle el lado bueno a esta actitud, y preguntarnos qué podemos hacer cuando no podemos decirle a otra persona que no... Supongamos que te ocurre esto. En este caso, le dirás que sí, pero... pedirás algo a cambio. ¿Qué va a provocar esto?

En primer lugar, que la otra persona se dé cuenta de que lo que te está pidiendo, a ti te cuesta. Que acompañarla a tal lugar, o hacerle ese trabajo, o llamarla por teléfono, lleva tiempo y esfuerzo. Por otro lado, cuando a la persona que te está pidiendo algo, le pides algo a cambio, logras que sienta que de alguna manera te está pagando el favor que le haces. Eso les hace bien a las dos partes, ya que es como un intercambio.

Ahora bien, si a la otra persona no le gusta que le pidas algo a cambio, nunca más va a venir a pedirte nada. Es decir: "objetivo cumplido". Entonces, a partir de este momento vas a decir que sí, pero vas a pedir algo a cambio. Este es un ejercicio muy útil, porque a las mujeres también nos cuesta pedir. No me refiero a pedir o exigir grandes cosas, sino aquello que sabemos que la otra persona nos puede dar.

Por eso cuando alguien te pida algo y no puedas decirle que no, accede, pero siempre a cambio de algo. ¡Practícalo!

2. Tengo que expresar lo que deseo a los demás

Las mujeres solemos querer resolver todo solas. Queremos hacer las cosas por nuestra cuenta y nos vamos cargando con todo aquello que nos piden, aun cuando no estamos bien (física o emocionalmente), pero lo aceptamos para no molestar a nadie. Y así es como vamos perdiendo el placer de lo que hacemos, dado que no es lo que elegimos hacer sino lo que nos imponen, porque no nos permitimos decepcionar a nadie.

¿Qué hacer entonces para lograr estar más descansada? Comenzar a expresar tus deseos, poner en acción aquellas cosas que sí te traen placer. ¿Cuánto hace que no estás usando la palabra deseo? Desear es diferente de necesitar. Desear es muy bueno.

Cuando expreses todo en términos de deseo la gente va a responder de diferente manera, porque sabrán que aquello que estás pidiendo es tu pasión, tu deseo. Cambia el "necesito" por el "deseo". Anímate a pedir más. A cualquier persona pídele más para que te dé exactamente lo que quieres. Si aprendes a pedir más de aquello que quieres, siempre vas a recibir. Y esto es muy gratificante.

Desear es diferente de necesitar. Desear es muy bueno.

3- Tengo que jugar el juego del ¿dónde estoy?

Los demás no tienen que saber todo el tiempo dónde estás. El problema es que tu marido, tus hijos, tus amigas, tu jefe sepan siempre dónde estás, y que donde te encuentres estés disponible para todo el mundo. Tienes que jugar un poco a las escondidas, al juego de ¿dónde está mamá?, ¿dónde está mi mujer?, ¿dónde está mi amiga?, ¿dónde está mi empleada?

¿Por qué? Porque cuando juegas ese juego, los demás se dan cuenta de que tienen que respetar tus tiempos, tus horarios, que no estás disponible las veinticuatro horas del día para cualquier persona porque eres un ser humano, no un robot. Pero primero eres tú quien tiene que entender que no puedes estar disponible todo el tiempo para todo el mundo, porque tienes vida propia, una vida personal valiosa, digna de ser respetada.

Las mujeres hemos vivido tanto tiempo la vida de los demás, que nos olvidamos que tenemos tiempos propios, momentos en los que queremos descansar. Nos cuesta mucho decir que vamos a dormir un ratito porque estamos cansadas, nos levantamos enseguida porque parece que dormir una siesta o acostarse a descansar un rato está mal visto y nos van a considerar perezosas. Entonces debes aprender a jugar al juego del "¿dónde estoy?", porque de esa manera los demás comenzarán a respetar tus tiempos. Pero es fundamental que comiences por respetarlos tú misma. Si dijiste que de tal hora a tal hora no atenderás el teléfono, ¡no respondas!, porque una vez que lo dijiste si no lo cumples, ya nadie más te va a creer. Deja de ser mujer disponible full time.

Atrévete a probarlo, porque funciona.

4- Tengo que creer en mí

Cree en tu habilidad para terminar todo lo que comienzas. Algunas mujeres se desgastan y se cansan porque empiezan una tarea y en el medio, hasta terminarla hacen un montón de otras cosas, se distraen con otras actividades y nunca terminan la tarea, pero sí quedan agotadas y con la frustración de no haber cumplido la meta.

Cuando empieces algo, focalízate, no te distraigas. Si empezaste una tarea no te levantes a tomar un café o a hablar por teléfono antes de terminarla, porque en el medio pierdes tiempo, te cansas y lo que es peor, no terminas lo que comenzaste.

Cuando tengas que hacer algo declara: *Empiezo esto, he dado mi palabra de que lo voy a hacer, y tengo la habilidad para terminarlo sin cansarme antes de llegar a la meta. Lo voy a lograr porque soy una mujer fuerte.* Cree en tu habilidad para encontrar aliados y multiplicar tus fuerzas cuando sientas que ya no te queda ninguna. ¿Cómo es esto de multiplicar? Cuando tus fuerzas estén al límite, busca gente a tu alrededor para distribuir la tarea. Personas que van a venir con conocimientos y capacidades para ayudarte con aquellas cosas que no te gusta o que te cuesta hacer. Ellas te van a ayudar para que tu tarea no sea tan pesada y puedas terminarla sin llegar al agotamiento.

Cuando empieces algo, focalízate, no te distraigas.

Cree, confía y ten la seguridad de que posees la capacidad para ofrecerle algo especial al mundo. Este es tiempo de trabajar en tu tierra, en tu territorio, de comenzar a lograr tus metas y tus sueños, de sentir placer en aquellas cosas que te has propuesto hacer. Es tiempo de invertir en lo que verdaderamente quieres lograr. Porque cuando una persona está concentrada solo en aquello que es su vocación, esa persona hace, hace, hace, hace… y aunque a veces se siente cansada, sigue adelante porque tiene una pasión que la mueve y la habilita, una pasión que la llena de alegría y de energía todos los días para salir a conquistar sus sueños.

¿Estarías dispuesta a romper ese contrato que una vez firmaste en el cual el placer, la felicidad, la pasión no tenían lugar?

¿Qué cosas estás haciendo que ya no tienen nada que ver con tu objetivo, que ya no tienen nada que ver con tu alegría? ¿Te están pagando por tu trabajo o te están pagando por aquello que te trae alegría hacer? ¿Estás siendo persistente con algo, con un proyecto que ya perdió valor, que no está relacionado con tus intereses? Continúas haciéndolo, pero dejaste de hacer "lo tuyo", te negaste lo que te trae placer, no invertiste en lo que te gusta, y sigues haciendo lo que ya no te sirve para nada. *Bueno, pero lo tengo que hacer*, te dices. Porque piensas que si no lo haces vas a estar peor. Crees que eso que estás haciendo ahora, es lo mejor que te puede pasar. ¿Crees que hay algo mejor para tu vida?

Por eso pregúntate: tu vida, lo que estás haciendo diariamente, ¿tiene que ver con tu propósito? ¿O estás perdiendo tu tiempo en cosas sin sentido? ¿Estás trabajando para los demás y todavía no descubriste cuál es tu pasión? ¿Estás trabajando para cobrar un sueldo en lugar de hacerlo para que puedas disfrutar de la vida y que la pasión te traiga las finanzas? Estas preguntas las vas a responder solamente cuando veas hacia dónde marcha tu vida.

Cierra ese contrato que firmaste: ¡cancelado! Vuelve a firmar uno nuevo en el cual puedas multiplicar lo que deseas, no lo que necesitas, sino lo que realmente te causa placer hacer y decide qué es lo que quieres poner en el contrato de tu vida.

¿Qué quieres lograr en tu vida matrimonial?
¿Qué quieres lograr en tu vida familiar?
¿Qué quieres lograr con tus hijos?
¿Qué quieres lograr en tu vida económica?

¿Qué quieres que te pase? No te conformes con menos de lo que te mereces. Firma un contrato contigo misma, de bendición, de felicidad, de alegría, de misericordia, de buenas cosas.

Necesitamos volver a establecer la alegría y el placer de vivir cada día. Separa un tiempo de cada día o cada semana y hazlo memorable para tus hijos, que sea un tiempo de fiesta, de lazos fuertes, de compartir. No importa si todo no está funcionando como lo esperamos, celebremos cada día.

No te conformes con menos de lo que te mereces.

¿Cuánto hace que no festejas algo en tu casa? No me refiero a un cumpleaños, un casamiento o Navidad, sino a organizar una salida que te dé placer y alegría a ti y a los tuyos. Con quienes estés, siembra buenos recuerdos, y si eres madre produce recuerdos lindos a tus hijos, en su mente y en su corazón, para que cuando sean grandes digan: *Volveré a la casa de mamá, porque en la casa de mamá siempre hay alegría, bendición y provisión para mi vida.*

¿Cuándo dejaste de celebrar y alegrarte en tu casa para transmitir amor, respeto, buenos momentos, lazos fuertes? ¿Cuándo dejaste de mirar fotos que te traigan buenos recuerdos o de tomar fotos que conserven los instantes felices?

Si no lo has hecho hasta ahora, comienza a crear un clima de fiesta en tu casa, siembra la alegría en tu hogar. Que tus hijos no solo se diviertan con sus amigos, que también se diviertan en casa, que vean su hogar como un lugar de gozo, que llegar a casa sea un placer para todos.

Estamos en este mundo para disfrutar y gozar de todo lo bueno que Dios nos ha dado y nos da cada día. Encuentra siempre un motivo para celebrar y ser feliz junto a los tuyos y de encontrarle el placer a cada acto de la vida.

CAPÍTULO

X

Ansiada felicidad

¿No sabemos ser felices?

Para muchas mujeres, la felicidad no es algo fácil de obtener o alcanzar, la viven como un sentimiento muy lejano o como un privilegio que solo es para ciertas personas. Son mujeres que dicen: *Por más que hago, hago y hago, nunca puedo llegar a ser feliz.* Y no ser feliz es como entrar en un restaurante, que te sientes y te traigan la cuenta antes de que te hayan servido la comida.

En una conferencia, en la cual el tema a tratar fue justamente la felicidad, algunas mujeres decían:

–*Yo no sé lo que es ser feliz, ni siquiera puedo disfrutar de mi hija.*

–*No soy feliz porque no logré mi sueño, que era tener una familia unida, no lo he podido lograr...*

–*Me olvidé de esa forma de sentir la vida.*

–*No soy feliz porque estoy con una persona absorbente.*

–*Mi trabajo, lo único que aporta a mi vida es dinero, pero no me aporta la felicidad que necesito.*

–*No sé cómo hacer para ser feliz, quiero ser feliz, y hacer feliz a la gente.*

Existen mujeres que pareciera que toda la vida están luchando y pagando cuentas, dolor, sufrimiento, errores, y que nunca les llega ese momento tan anhelado y deseado de la felicidad. Sin embargo, lo que tenemos que comenzar a discernir es si no estamos siendo nosotras mismas quienes nos estamos encargando de bloquear nuestra propia felicidad, llenando nuestra vida de obligaciones y quitándonos así el privilegio de tener un tiempo precioso para disfrutar.

¿Te animarías a detenerte por un instante y responder estas preguntas, para poder ver cómo te estás sintiendo?

¿Qué fue lo que te hizo más feliz en tu vida?

¿Qué te hizo reír más?

¿En qué momento te sentiste más relajada?

¿Qué placeres preferiste durante años?

¿Qué placeres perdiste?

¿Cómo te imaginas que cambiaría tu vida si te sintieras más satisfecha?

¿Crees que podrías ser más feliz de los que eres?

Todos podemos ser más felices de lo que somos. La felicidad está determinada por el placer que nos permitamos sentir, cada una de nosotras, cada día, por el privilegio de saber que esa felicidad va a depender solo de nosotras.

Hoy, no somos más felices porque no sabemos cómo serlo. Probablemente no tuvimos en nuestra infancia grandes modelos de felicidad; no hemos visto una mamá, un papá, un abuelo o una abuela siendo muy felices o disfrutando de la vida, no hemos tenido ese concepto. O quizás, tampoco vivenciamos un modelo que nos ayude a seguir un camino hacia lo que es la felicidad y es por eso, que cientos de mujeres y hombres se conforman con la vida que están llevando, sin darse cuenta de que no ser feliz es traicionarse a uno mismo.

Cada vez que una mujer hace lo contrario a lo que pactó con ella misma, se está traicionando. Todas nosotras –y también los hombres– hacemos internamente pactos con nosotros mismos, nos prometemos cosas, nos desafiamos, nos decimos: "Esto a mí no me va a ocurrir más", y muchas veces no podemos cumplir ese pacto que nos hicimos a nosotros mismos. Entonces vivimos elaborando justificaciones y excusas del porqué no podemos ser felices y disfrutar de la vida.

Todos podemos ser más felices de lo que somos.

Todos tenemos voluntad, pero lo que necesitamos hacer es poner a trabajar esa voluntad. Muchas mujeres traicionan su voluntad. ¿Cómo? Prometiéndose metas, sueños, y no cumpliéndolos, queriendo lograr objetivos sin hacer nada, olvidando que a la felicidad hay que planificarla. Pero para eso, debemos poner en funcionamiento nuestra voluntad.

Jorge Luis Borges dijo alguna vez:

"He cometido el peor de los pecados que un hombre puede cometer, no he sido feliz".

Yo me puse a pensar si no ser feliz es un pecado. ¿Será un pecado ser infeliz?

Pecar es errar al blanco. Es decir, si no somos felices, estamos pecando porque fuimos creados para poder disfrutar de una vida llena de felicidad.

Si no somos felices, estamos pecando porque fuimos creados para poder disfrutar de una vida llena de felicidad.

En muchos momentos de nuestra vida, somos incapaces de ser felices, dado que no planificamos la felicidad, pensamos que es algo que se nos va a dar en algún momento. Decimos: *El día que tenga eso, voy a tener felicidad.* Pero no podemos planificar el hábito de la felicidad, de ser felices todos los días de nuestra vida pase lo que nos pase y eso es lo que necesitamos aprender: que la felicidad sea un hábito en nuestra vida.

¿Por qué no podemos ser más felices, por qué no podemos romper nuestro umbral de felicidad? ¿Por qué hay gente que parece que nació para el sufrimiento y vive para sufrir todo el tiempo?

A veces decimos: *Me voy al cine, al teatro, al concierto, a bailar, a preparar una cena, a invitar a mis amigos*, etc. Eso está perfecto, está muy bien, pero muchas veces no significa la felicidad porque no es permanente, se da en un momento de nuestra vida, lo planificamos para hacerlo en una determinada oportunidad pero luego no volvemos a hacer nada que nos haga sentir felices, por lo que la gratificación y el bienestar se alejan y no podemos subir nuestro nivel de felicidad. Para obtener un poquito de felicidad, para ser más felices, tenemos que quebrar con algunas enseñanzas falsas que hemos incorporado en nuestra estructura de pensamiento.

Para ser más felices, tenemos que quebrar
con algunas enseñanzas falsas que hemos incorporado
en nuestra estructura de pensamiento.

Existe un mito que dice que la felicidad se logra a través del sufrimiento. Es decir: *Si sufro, tengo derecho a ser feliz. Si sufro hoy, mañana seguramente voy a poder disfrutar de felicidad.*

Ya vimos que hay una teoría que nos enseñaron nuestros abuelos o nuestros papás, que era que si ellos nos castigaban iban a obtener resultados buenos de nuestra vida. Entonces, por ejemplo, cuando nos portábamos mal, nos retiraban el postre, que era el placer: *Hoy te quedas sin postre, hoy no sales, hoy no vas con tus amigos.* O sea, todo lo que fuera placer era mal visto y pareciera ser que lo negativo era la motivación para que hiciéramos algo bueno, positivo o nos portáramos bien. Es decir, a través de algo negativo querían que nosotros lográramos algo positivo.

Y cuando una persona ha crecido con ese concepto, esa mujer o ese varón se autocastigarán, negándose el derecho a ser felices.

Muchas personas se deben amor, afecto y cariño a sí mismas. No saben quererse, no saben cuidarse, no saben respetarse, no saben darse palabras de cariño, de amor y de consuelo. Cuando hemos crecido bajo estos conceptos, lo que hemos hecho fue cambiar nuestros deseos solo por obligaciones.

Hicimos nuestros deseos cada vez más pequeños, con lo cual cada vez más nos alejamos del placer, del disfrute y nos ponemos una armadura corporal que nos hace sentir incómodos con todo lo que sea placer.

El hecho, como lo detallo en el capítulo anterior, es que no podemos asociar al placer con algo bueno, con aquello que nos haga bien, que sea puro y honesto. Es por ello que para ser más felices, tenemos que motivarnos por el placer y no por el dolor, buscar más lo que nos hace bien, lo que nos gusta, y hacerlo más seguido, porque el placer siempre nos expande. El dolor nos achica. No queremos ser más pequeños, ¡todo lo contario!

El dolor nos achica. No queremos ser más pequeños, ¡todo lo contario!

Es por todo lo dicho que existen mujeres que se encargan de bloquear la felicidad que pueden alcanzar creando un conflicto. Siempre que surge la posibilidad de ser felices, hay un problema. Si la invitaron a una fiesta, dirá: *Sí, pero no tengo ropa*, generando así un impedimento para no disfrutar de la felicidad. Son esas mujeres que dices: *Tienen todo para ser felices, sin embargo no pueden serlo, siempre están buscando algo, algún motivo para no disfrutar.*

Son las mujeres que a flor de labios tienen la frase: "*Sí, pero...*". En vez de disfrutar, se maldicen a sí mismas no permitiéndose aprovechar y gozar de la vida.

Hay muchas formas, actitudes, acciones y maneras para impedir el acceso al placer, a sentirnos bien y plenas, a disfrutar.

Un grupo de mujeres bloquean la felicidad realizando una acción opuesta a la que debieran, no permitiéndose de esta forma expresar la alegría y disfrutar de lo que están viviendo. Si su hija se casa, ella se rompe el pie y no puede ponerse el zapato que quería para la fiesta, por lo que no se va a sentir totalmente feliz.

Otras, impiden felicidad convenciéndose de que si algo es muy bueno, *si en la vida me está yendo bien, algo malo me va a pasar, voy a llorar después. Si es algo muy bueno, no es para mí.* Hay mujeres que bloquean la felicidad pensando que cuando viene algo bueno, después vendrá algo malo...

Mientras que otro grupo de mujeres sufre de descontento crónico. Como resultado de una investigación acerca de cuáles eran las personas más felices en el mundo, se obtuvo la conclusión de que son las que viven en la isla Vanuatu, en el Pacífico; el segundo país es Colombia. Ahora la pregunta que se hicieron muchos psicólogos frente a este resultado fue: ¿Cómo puede ser que un país donde hay tanta violencia sea el segundo país más feliz del mundo?

Y el tema es que la gente "comparte con otros", porque tiene la posibilidad de hablar con otros, de contarles a otros lo que está viviendo, sus alegrías, sus tristezas, sus luchas, sus triunfos… Ellos saben disfrutar a pesar de las circunstancias, y le dan suma importancias al encuentro con la familia y con sus amigos. Y aquí encontré una clave muy importante: hablar, compartir… El hecho es que las mujeres, cuando hablamos, nos sanamos. Al hablar nos descargamos, no solo porque estamos buscando el consejo del otro, sino porque lo que necesitamos es simplemente hablar.

Las mujeres, cuando hablamos, nos sanamos.

El tema es que muchas veces, los seres humanos, para contrarrestar la angustia, la carencia de felicidad que sienten, tratan de compensar la situación con cosas que no les traen felicidad. Decimos: *Voy a ser feliz el día que tenga la casa…, el día que tenga un hombre…, el día que llegue a ser jefe…,* pero cuando lo adquirimos, nos damos cuenta de que eso no nos trae la felicidad que realmente necesitamos.

Usamos bastones que no nos dan el resultado que estamos esperando. Es por este motivo que tenemos que comenzar a buscar aquello que nos gusta, y seguramente no sea una sola cosa, sino muchas, y el tenerlas no debe generarnos culpa, ya que es tiempo de practicar aquello que nos hace sentir bien.

Hay placeres buenos, y tenemos que aprender a disfrutar de todo aquello que no nos daña ni lastima a nadie. Y cuando en la vida te vaya mal –porque hay momentos en los que vamos a tener problemas– no te castigues, porque por castigarte no te va a ir mejor. Cuando en la vida te vaya mal, busca el placer;

pregúntate: *¿De qué manera me puedo consolar en este momento en que la estoy pasando mal?, ¿De qué manera puedo hacer algo que me ayude a salir de esto?* Pero no te enojes contigo misma. Haz algo bueno por ti misma, sin castigarte.

Otra de las cosas que necesitamos para ser un poco más felices es tener varias fuentes de placer. Si lo que te hace feliz solo depende de una persona, de una sola actividad que realices, esa única fuente de placer termina transformándose en algo tóxico, en una adicción.

¿No habrá cosas que aún no experimentaste en la vida? ¿No habrá placeres que todavía no viviste? ¿Qué más puedes hacer?

A la alegría, a la felicidad, hay que practicarla un poco cada día. Necesitamos aprender a desestructurarnos, especialmente las mujeres, que somos tan serias. Parece que tenemos que retar y regañar a todo el mundo, a nuestro marido, a nuestros hijos; nos estructuramos en mujeres serias y no damos luz a la mujer alegre que tenemos dentro. Por eso, para buscar la felicidad, comienza a desestructurarte. La felicidad no va a venir sola, hay que buscarla. Tienes que hacer todo lo posible para subir un nuevo nivel, un nuevo umbral, en tu vida de felicidad.

La felicidad no va a venir sola, hay que buscarla.

Y por otro lado, ríete un poco más; la risa verdadera afloja los órganos del cuerpo. Nosotras debemos buscar nuestra felicidad, no esperes que venga de afuera. No pienses: *Algún día se me dará, El día que…, el día que me pase tal cosa.* ¡No!, ¡no! La felicidad tiene que nacer de adentro. Provócate un momento, y un día, y una vida de felicidad.

Por último, usa el poder de la imaginación. Imaginar es ver con la mente.

Los espartanos eran una raza de súper hombres y mujeres. Ellos tallaban unas estatuas de seres humanos que eran grandotes, altísimos, impresionantes, bien forzudos, y colocaban esas estatuas en las plazas de las ciudades y también en los patios de las casas. Es decir, que los chicos desde bien chiquitos salían y miraban esas imágenes de hombres y mujeres enormes y hermosos, y al verlos todos los días, ellos se motivaban para trabajar su cuerpo, para poder desarrollar su físico. Eso hizo que se generara toda una generación de hombres y mujeres fuertes y bellos. ¿Por qué? Por el poder de la imaginación, por lo que cada uno es capaz de poner en su mente.

Es tu imaginación lo que domina el mundo. De acuerdo a la felicidad que imagines será la felicidad que vivas. Comienza a tomar decisiones que añadan más felicidad a tu vida. ¿Cuáles? Veamos...

En primer lugar, el dar nos proporciona siempre felicidad. Cuando una persona puede dar, su corazón está sano. Cuando puedes dar –pero no dar por culpa, sino dar por felicidad– comienzas a sentirte feliz. Y no estoy refiriéndome a dar solo dinero sino el abrazo que mantienes retenido, el beso que tienes retenido, el amor que permanece retenido. La caricia que no das... tienes que atreverte a darla, porque hay veces que retenemos cosas para cuando seamos felices, sin darnos cuenta de que al hacerlo es cuando comenzamos a ser un poco más felices cada día. Atrévete a dar.

Dar para ser feliz.

Comienza a dar y a darte a ti misma. ¿Qué es lo que hace mucho que no te das? Empieza a darte, a *invertir* en tu vida, a darte cosas. Tal vez te lo prohibiste porque pensabas que no era para ti, que ese dinero que tenías era para tus hijos, o para tu familia, pero comienza a darte a ti misma. Aprende a darte cosas buenas, querida mujer. Cuando des serás feliz, mientras retengas vas a sentir angustia y tristeza en tu corazón. Por eso, empieza a dar hoy mismo.

En segundo lugar, restituye. Hay personas que no tienen problemas con el dar, pero que no pueden restituir. ¿Qué es restituir? Sanar aquella acción que consciente o inconscientemente dañó a alguien con una acción nuestra, por una palabra nuestra, por algo que dijimos, por algo que expresamos, por una mirada que hicimos. No podemos cambiar el pasado, pero sí podemos hacer algo por ese error que cometimos. Restituye para ti y para los tuyos. Cada día que no eres feliz te estás perdiendo un tiempo hermoso de disfrutar a pesar de todas las circunstancias por las que estás atravesando.

La felicidad es algo que nos damos a nosotras mismas. La felicidad es algo que nosotras mismas decidimos cada día: "Yo *decido* hoy *estar contenta*". "Yo *decido las situaciones*", "*Yo decido hoy que tengo recursos para superar esta crisis*". "*Yo decido que voy a ir por más*". "*Yo decido que voy a salir adelante*". "*Yo decido que tengo inteligencia para lograr lo que quiero". "Yo decido que voy a ser feliz". "Yo decido que esta circunstancia no me va a matar". "Yo decido que esta enfermedad no me va a destruir". "Yo decido seguir adelante".*

Y cuando una misma decide ser feliz, cada día se despertará esperando estar más cerca de su sueño, de la meta, del objetivo que se haya propuesto.

Ten una expectativa de vida, cada día una esperanza, la creencia de que estás más cerca. Tus expresiones de amor están ligadas a tu libertad. Permítete vivir momentos de felicidad. Haz algo cada día para ser feliz. Sé la arquitecta de tu vida. Mezcla cada crisis, cada problema, con felicidad.

Sé la arquitecta de tu vida.

No envuelvas la felicidad con el problema, envuelve el problema con la felicidad. Decídete a que hoy sea el día de tu felicidad.

Toma las riendas de tu vida. No te dejes
dominar por tus emociones… ni por nadie.
Hay un camino de sueños, alegrías, bendiciones,
amor y felicidad que te está esperando.
¡Empieza a recorrerlo ya!

Bibliografía

Berckhan, Barbara, *¡Ya basta!*, Ediciones RBA, 2009.

Branden, Nathaniel, *El Poder de la Autoestima*, Paidós, 1993.

Burns, David, *Sentirse Bien*, Paidós, 2006.

Domar, Alice, *Nadie es perfecto*, Urano, 2008.

Etxebarria, Lucía, *Ya no sufro por Amor*, Martínez Roca, 2007.

Goldberg Beatriz, *¡Mujeres en cambio!*, Ediciones Lumen, 2005.

Grün, Anselm y Jarosch, Linda, *La Mujer: Reina e Indomable*, Ediciones Sal Terrae, 2006.

Hendlin, Graciela, *Permiso para el placer*, Longseller, 2005.

Herrero, Nieves, *Que no te la den con queso*, Forner Rosetta, 2010.

James, Elaine, *Simplifica tu Vida*, Ediciones Integral, 2002.

Johnston, Joni, *¿Por qué no me gusto?*, Paidós, 1994.

Laham, Mirta, *Escuchar al Corazón*, Ediciones Lumiere, 2006.

Lange, Sigrid, *El Libro de las Emociones*, Edaf, 2004.

Murdock, Maureen, *La hija del héroe*, Gaia, 1996.

Norwood, Robin, *Las Mujeres que Aman Demasiado*, Grupo Zeta, 1997.

Riso, Walter, *Amores altamente peligrosos*, Emecé, 2008.

Runte, Gisela, *¿Por qué somos infieles las mujeres?*, Gedisa, 2003.

Santandreu, Rafael, *El Arte de No Amargarse la Vida*, Oniro, 2012.

Schierse, Leonard Linda, *La Mujer Herida*, Obelisco, 2005.

Thoele, Sue Patton, *Sé Positiva*, Robin Book, 2001.

Vargas, Gaby, *Primero Tú*, Aguilar, 2009.

Índice

¡Tu opinión es importante!

Escríbenos un e-mail a **miopinion@vreditoras.com**
con el título de este libro en el "Asunto".

www.vreditoras.com
facebook.com/vreditoras